55 philosophische Geschichten für Kinder

Mit Frageimpulsen zum Nach- und Weiterdenken

Leo Kaniok | Nel de Theije-Avontuur

Verlag an der Ruhr

Impressum

Titel der deutschen Ausgabe
55 philosophische Geschichten für Kinder
Mit Frageimpulsen zum Nach- und Weiterdenken

Titel der niederländischen Originalausgabe
Filosoferen met kinderen

Autor*innen
Nel de Theije-Avontuur, Leo Kaniok

Titelbildmotiv
© Miredi – Fotolia.com

Übersetzung
Gabriele Steinbach, ZintenZ Editio

Druck
Heenemann GmbH & Co. KG, Berlin, DE

Bearbeitung für Deutschland

Verlag an der Ruhr
Mülheim an der Ruhr
www.verlagruhr.de

PEFC zertifiziert
Dieses Produkt stammt aus nachhaltig bewirtschafteten Wäldern und kontrollierten Quellen.

www.pefc.de

Geeignet für die Altersstufen 6–12

Nachdruck 2024
ISBN 978-3-8346-2246-4

Inhaltsverzeichnis

Vorwort

Ein alter chinesischer Spruch lautet: „Ein Bild sagt mehr als 1 000 Worte."
Eine Geschichte ist auch ein Bild: Pinselstriche mit Worten, die eine Metapher, eine Parabel oder ein Gleichnis formen. Ein Bild aus Worten, das 1 000 andere Worte überflüssig machen kann. Natürlich kann man dann mit anderen Menschen ins Gespräch kommen, was das Bild in uns bewirkt – das ist die Absicht dieses Buches.
Warum hören wir so gerne Geschichten? Nicht nur Kinder, sondern auch Erwachsene genießen es sehr. Was ist das Besondere an Geschichten? Gibt es darauf wohl eine Antwort? Und wenn wir eine Antwort finden, sind die Geschichten dann noch etwas Besonderes? Nun, warum hören wir so gerne Geschichten? Woraus besteht diese besondere Anziehungskraft?
Vielleicht weil wir etwas darin entdecken. Entdecken ist ein Abenteuer. Was wir entdecken werden, wissen wir vorher niemals, es ist eine Überraschung. Und wer lässt sich nicht gerne überraschen? Das Leben ist ein Mysterium, voll von Überraschungen und Entdeckungen, genauso wie die Geschichten.
Ent**decken** ist ein interessantes Wort. Eine Decke wird weggenommen. Die Bedeckung wird entfernt, und was darunterliegt, wird sichtbar. Eine Landschaft öffnet sich, eine innerliche Landschaft, vielleicht nur kurz, für einen Moment oder vielleicht auch für immer. Entdeckung und Einsicht liegen nah beieinander. Wenn die Bedeckung weggenommen wird, sieht man, was darunter- oder dahinterliegt. Man bekommt Ein**sicht**.
Ein Bild sagt mehr als 1 000 Worte, man braucht das Bild nur anzuschauen.
Goethe sagte: „In der Kürze liegt die Würze" und „In der Beschränkung zeigt sich der Meister."
Mit wenigen Pinselstrichen kann so viel gesagt werden. Die Geschichten sind relativ kurz und beschränken sich auf das Wesentliche. Gerade darum sind sie oft ein meisterliches Bild, das eine einfache, aber tiefe Wahrheit übermitteln kann. In einer einfachen Geschichte kann eine große Entdeckung verborgen liegen und hinter dieser Entdeckung eine einfache Wahrheit. Geschichten hören oder lesen ist eine abenteuerliche Reise. Vielleicht entdecken Sie etwas über sich selbst.

Die Herausgeber dieser Geschichten wünschen Ihnen viel Vergnügen bei Ihrer Entdeckungsreise!

Erich Kaniok

Der Verlag an der Ruhr legt großen Wert auf eine geschlechtergerechte und inklusive Sprache. Seit 2019 nutzen wir daher das Gendersternchen oder neutrale Formulierungen, um alle Menschen unabhängig von Geschlecht oder Geschlechtsidentität einzuschließen. In Texten für Schüler*innen finden sich aus didaktischen Gründen neutrale Begriffe bzw. Doppelformen. Titel, wie dieser, die erstmalig vor 2019 erschienen sind, enthalten noch das generische Maskulinum.

Einleitung

Geschichten erzählen als Möglichkeit, um mit Kindern zu philosophieren

Geschichten aus der ganzen Welt, aus allen Kulturen und Religionen sind ein Ausgangspunkt, um mit Kindern über sich selbst, über andere und über die Welt ins Gespräch zu kommen. Das kann im Unterricht sein, in der freien Jugendarbeit, zu Hause oder bei anderen Gelegenheiten. Es geht darum, sich mit anderen auszutauschen, nachzudenken, Fragen zu beantworten und noch mehr Fragen entstehen zu lassen, Gedanken und Meinungen miteinander zu teilen, unterschiedliche Meinungen zu haben, Meinungen zu ändern, von- und miteinander zu lernen, zu wachsen, weiser zu werden.

Wie die Geschichte erzählt wird, ist wichtig, aber noch wichtiger ist die Atmosphäre, in der das anschließende Gespräch stattfindet.

Wenn der Gesprächsleiter in seiner gesamten Haltung neutral und einladend ist, ist er ein Philosoph in der buchstäblichen Bedeutung des Wortes: ein Freund der Weisheit. Die Kinder erfahren auf diese Weise, dass es einen Raum gibt, in dem sie ihr Denken frei entfalten können. Die Atmosphäre gibt ihnen Sicherheit und hat einen hohen positiven Aufforderungscharakter, um Gedanken und Gefühle miteinander zu teilen. Es geht nicht darum, etwas besser zu wissen, sondern darum, sich zusammen auf die Suche nach Antworten zu machen. Jeder Beitrag von jedem Kind ist dabei wertvoll!

Warum philosophieren mit Kindern?

Philosophieren stimuliert selbstständiges Denken. Das beinhaltet: Informationen verarbeiten, verstehen, begründen, kreativ denken, evaluieren, auswerten.

Es fördert die emotionale Entwicklung der Kinder durch Selbsterkenntnis, Selbststeuerung, Motivation und Einfühlungsvermögen. Philosophieren ist hilfreich bei der Suche nach Sinngebung: Wer bin ich? Was ist mein Platz in der Welt? Es hilft beim Entwickeln von Visionen.

Kinder haben ein Recht darauf, Fragen zu stellen, sich eine eigene Meinung zu bilden, aber auch, Gedankengänge verändern zu dürfen. Dadurch wachsen und reifen Kinder innerlich. Für die Begleiter eröffnet sich beim gemeinsamen Philosophieren die Möglichkeit, die Kinder besser kennenzulernen und ihre Gedanken, Gefühle und ihren Blick auf die Welt zu erfahren.

Was möchten die Geschichten uns erzählen?

Es ist sicherlich nicht unsere Absicht, darauf eine Antwort zu geben. Wenn wir diese Antwort schon hätten, bräuchten wir nicht mehr darüber zu philosophieren. Den Ursprung der Geschichten finden wir in universellen Werten, wie Glück, Liebe, Freundschaft, Frieden, Freiheit, Respekt, Gerechtigkeit, Gleichheit.
Jede Geschichte erzählt auf ihre eigene Art und Weise etwas über diese Werte und ist damit in diesem Sinne Träger einer Botschaft. Eine Botschaft, oft verpackt in einer Metapher, die im Leben hilfreich sein kann.

Wie passen die Geschichten zu der Idee des heutigen Unterrichtes?

Geschichten waren schon immer mit Unterrichten verbunden. Der Inhalt und die Form entwickeln sich fortwährend weiter, auch in unserer Zeit.
Geschichten knüpfen bei der Wirklichkeit an, verpacken sie in eine Form, in der sie nachvollziehbar ist und gelebt werden kann.
Sie können für alle Themenbereiche im Unterricht eingesetzt werden, da sie mit allen grundlegenden Bildungszielen eine Berührungsfläche haben. In diesem Buch beschränken wir uns auf Ziele, die sich auf die sozial-emotionale Entwicklung der Kinder beziehen.

Geschichten zu Hause oder in anderen Zusammenhängen mit Kindern

Geschichten verbinden und geben uns die Möglichkeit, Kinder besser kennenzulernen. Sie geben uns einen Leitfaden für ein inspirierendes Gespräch.

Anregungen zur Arbeit mit den Geschichten

Die Geschichten

Die Geschichten stammen aus Büchern mit gesammelten Erzählungen aus aller Welt, die für Kinder bearbeitet wurden. Für jüngere Kinder wurden die Geschichten selbst geschrieben.

Kernziele

In den meisten Geschichten ist das zentrale Thema der Mensch in der Eigenwahrnehmung oder Wahrnehmung der Welt und das Zusammenleben mit anderen. Die einzelnen Unterrichtsziele leiten sich aus dem Thema und dem Gehalt der Geschichten ab.

Offene Fragen

Zu jeder Geschichte erhalten Sie Optionen für Fragen, die einen Dialog anregen können. Der Aufbau der Fragen ist immer konzentrisch mit dem Kind als Mittelpunkt. Sie laden dazu ein, eigene Antworten zu formulieren und Ideen zu der Geschichte mit eigenen Erlebnissen in Verbindung zu bringen.
Die Symbole, Bilder und Metaphern in der Geschichte werden zu einem Anker, der ein ganzes Leben lang mit den Kindern mitreisen kann. Die offenen Fragen sind unterteilt in ? **leichte Fragen**, ?? **mittlere Fragen** und ??? **schwere Fragen**, sodass Sie sie je nach Alter der Kinder individuell einsetzen können.

Vorab einige wichtigen Überlegungen:

Lassen Sie die Geschichte nach der Lektüre einen Moment lang ruhig auf sich wirken. Was geschieht in Ihnen? Was fühlen Sie? Passt es zu den Kindern, mit denen Sie gerade arbeiten? Welche Bedeutung kann die Geschichte für die Kinder haben? Um darüber sprechen zu können, braucht man eine Atmosphäre von Sicherheit, Toleranz und Offenheit. Die offenen Fragen in der Anleitung können eine Richtung angeben, wie das Gespräch mit den Kindern geführt werden kann.
Gibt es in der Geschichte Dinge, die vorab erklärt oder besprochen werden sollten? Es gibt aber sicherlich noch viel mehr Ideen und Möglichkeiten!

Übersicht über alle Geschichten

55 philosophische Geschichten für Kinder

1 Der Seestern

Am Meer war bis vor Kurzem Flut. Die Wellen, die weit bis an den Strand gerollt waren, hatten viele Seesterne angespült. Nun wird es wieder Ebbe. Die Wellen ziehen sich immer weiter zurück. Sie können die Seesterne, die nun im Sand liegen, nicht mehr mit zurück ins Meer nehmen. Ohne Wasser können die Seesterne aber nicht überleben. Sie werden vertrocknen und sterben, bevor die nächste Flut wiederkommt. Die neuen Wellen kommen dann zu spät. Viele Menschen laufen am Strand entlang und sehen, was gerade geschieht. Dort läuft auch ein kleiner Junge, der Seesterne aufhebt und sie wieder ins Wasser wirft.

„Warum tust du das?", fragt ihn ein Mann, der gerade vorbeikommt. „Hier liegen Tausende Seesterne. Die meisten von ihnen werden doch sterben. Welchen Unterschied macht es da, wenn du noch einige rettest?"

Der Junge blickt auf den zappelnden Seestern in seiner Hand. Dann schaut er den Mann an und sagt: „Ich kann zwar nicht alle Seesterne retten, aber diesen hier sehr wohl."

Und er wirft ihn zurück ins Meer.

Gesprächsleitfaden

Der Seestern

Alter 6–12 Jahre

Gehalt Sich machtlos fühlen. Wenn du dich überfordert fühlst, kann es dazu führen, dass du gar nichts mehr tust. Tun, was du tun kannst, wenn es nötig ist.

Kernziele Die eigenen Möglichkeiten und Behinderungen kennen. Was kannst du? Was kannst du nicht? Was tust du, wenn du um Hilfe gebeten wirst? Umgang mit Machtlosigkeit, Hilflosigkeit, Abhängigkeit von anderen.

Offene Fragen

? Warum wirft der Junge die Seesterne zurück ins Meer? Was denkt der Mann darüber? Findest du das gut oder nicht? Glaubst du, dass auch andere Menschen die Seesterne ins Wasser zurückwerfen, wenn sie sehen, was der Junge tut? Warum? Warum machen die anderen es nicht von sich aus?

?? Hast du schon einmal gedacht, dass dir etwas niemals gelingen wird? Hast du es dann doch probiert? Oder hast du erst gar nicht damit angefangen? Wie war das? Was hattest du dabei für ein Gefühl?

??? Hast du dich schon einmal machtlos gefühlt? Warum? Bist du schon einmal jemandem begegnet, der hilflos war oder von dir abhängig war? Das kann auch ein Tier gewesen sein. Wie war das? Was hast du dann getan?

2 Zwei schiefe Zellen

„Diese Zelle hat sechs gleiche Seiten. Mal schauen. Ja, das stimmt. Sind sie alle gleich lang? Ja, das stimmt auch. Und es passt genauso viel hinein wie in die anderen Zellen? Ja, das stimmt auch. Wieder eine fertig." Lilly seufzt. „Noch immer keine 50." Wenn du jetzt denkst: „Was ist das denn für ein Rätsel?", dann hilft es vielleicht, wenn du weißt, dass Lilly eine Biene ist. Eine ganz junge Biene, die gerade von der großen Wabenmacherin gelernt hat, wie man eine Honigwabe macht: aus immer genau gleich großen Zellen mit sechs Seiten, die aufeinanderpassen. Die Bienen können darin ihren Honig aufbewahren. Es gibt auch Zellen, in die die Bienenkönigin ihre Eier legt.

Nun ja, wenn man solche Zellen machen darf, muss man es schon sehr gut können. Und das möchte Lilly. Sie möchte es richtig gut machen. Sie macht weiter mit der nächsten Zelle und der nächsten, so lange, bis alle 50 Zellen fertig sind. Wie freut sie sich, dass die Honigwabe nun fertig ist. Sie fliegt ein Stückchen hoch in die Luft, um sich die Wabe anzusehen. „Oh nein", ruft sie erschrocken. „Da sind ja zwei schiefe Zellen!" Dicke Bienentränen rollen über ihre Wangen. „Bald kommen die großen Bienen, um sich die Wabe anzuschauen, und dann ist es nicht gut." Traurig setzt sie sich an den Rand der Honigwabe und sitzt auch noch dort, als die großen Bienen kommen.

Die große Wabenmacherin ist auch da. „Was ist denn mit dir los?", fragt sie. Lilly summt unter Tränen: „Zwei Zellen sind schief."

„Lilly, Lilly Biene", sagt die große Wabenmacherin. „Ich sehe 48 gute Zellen." „Hm", denkt Lilly und schaut sich alle Zellen, die sie gemacht hat, genau an. Nun erst sieht sie, dass viele von ihnen sehr gut gelungen sind. „Meine Honigwabe ist sehr schön", summt sie fröhlich. Die große Wabenmacherin lächelt.

3 Zwei schiefe Steine

Es war einmal ein Mann, der das Haus, in dem er mit seiner Frau und seinen Kindern wohnen wollte, selbst baute. Er hatte es nie gelernt und war auch kein Handwerker. Nun scheint das Maurern ja recht einfach zu sein: Man streicht etwas Zement auf einen Backstein, setzt ihn auf seinen Platz und klopft ihn mit der Kelle fest. Ja, ja, es scheint so einfach zu sein – aber das ist es nicht.

Der Mann begann mit der ersten Reihe der Steine. Aber wie er es auch anstellte, sie wollten nicht gerade liegen bleiben. Lagen sie auf der einen Seite gut, lagen sie auf der anderen Seite schief. Er begann erneut und wieder, und wieder, und wieder … Und auch wenn er kein guter Maurer war, so hatte er doch viel Geduld und machte so lange weiter, bis jeder Stein perfekt auf seinem Platz lag. Auf diese Weise war endlich eines Tages die erste Mauer fertig.

Ein wenig stolz trat er ein paar Schritte zurück, um seine Arbeit zu begutachten. „Oh, nein!" Zu seinem großen Schrecken sah er, dass zwei Steine schief lagen. Die beiden schiefen Steine verdarben die ganze Mauer! Der Zement zwischen den Steinen war inzwischen hart geworden. Darum konnte er die Steine nicht mehr herausholen und gerade setzen. Er rief seine Frau herbei und fragte sie: „Soll ich die ganze Mauer abbrechen und noch einmal von vorne anfangen?" „Nein", sagte die Frau, „lass die Mauer genau so stehen, wie sie nun ist."

Der Mann baute weiter, und eines Tages kam jemand zu Besuch, der sehen wollte, wie der Bau des Hauses vorankam. Der Mann zeigte ihm alles, außer der Mauer mit den beiden schiefen Steinen. Aber der Besucher ging nochmals umher und sah nun auch die Mauer.

„Das ist eine schöne Mauer", sagte er. Der Mann sah ihn überrascht an. „Hast du vielleicht deine Brille im Auto liegen lassen, oder ist etwas mit deinen Augen? Siehst du denn nicht die beiden schiefen Steine?" „Ja", sagte der Besucher, „ich sehe die zwei schiefen Steine, aber ich sehe auch die 998 geraden Steine."

Der Mann blickte überrascht auf seine Mauer. Zum ersten Mal sah auch er die anderen Backsteine. Über und unter den beiden schiefen Steinen, an der linken und der rechten Seite, lagen alle anderen Steine wunderbar in einer Reihe.

Gesprächsleitfaden

Zwei schiefe Zellen
Zwei schiefe Steine

Alter Geschichte 2: Zwei schiefe Zellen, 6 – 8 Jahre
Geschichte 3: Zwei schiefe Steine, 8 – 12 Jahre

Gehalt Perfektionismus. Selbstbild.
Urteilen über dich selbst und andere.

Kernziele Eigene Möglichkeiten und Grenzen kennen. Selbstwert, Selbstbewusstsein. Zusammenleben, Werte und Normen.

Offene Fragen

Zwei schiefe Zellen

[?] Lilly sieht nur die beiden schiefen Zellen. Was glaubst du, warum das so ist? Sieht die große Wabenmacherin diese beiden nicht? Sie sagt nur etwas über die gelungenen Zellen.

[?][?] Kennst du das Gefühl, dass du etwas besonders gut machen möchtest und es trotzdem schiefgeht? Siehst du dann auch nur die Fehler oder auch das, was du gut gemacht hast? Siehst du auch manchmal, dass andere Fehler machen? Was sagst oder tust du dann? Warum?

Offene Fragen

Zwei schiefe Steine

[?] Der Mann sieht zunächst nur die beiden schiefen Steine. Was denkst du, warum das so ist? Warum sieht der Besucher eine schöne Mauer?

[?][?] Kennst du das Gefühl, dass du etwas besonders gut machen möchtest und es trotzdem schiefgeht? Siehst du dann auch nur die Fehler oder auch das, was du gut gemacht hast? Siehst du auch manchmal, dass andere Fehler machen? Was tust du oder was sagst du dann? Warum?

[?][?][?] Die Frau des Mannes sagt, dass er die Mauer so stehen lassen soll. Was glaubst du, was das für den Mann bedeutet? Er wollte die Mauer mit den beiden schiefen Steinen dem Besucher nicht zeigen. Warum? Der Mann hat nur auf seine Fehler geachtet, für alles andere war er blind. Ist das bei dir auch manchmal so? Findest du es schön, wenn andere dir sagen, dass das, was du tust, gut genug ist? Glaubst du, dass es anderen genauso geht?

4 Der arme Mann und der König

Es war einmal ein armer Mann. Er fand, dass er in seinem Leben viel Pech hatte. Das machte ihn traurig. Jeden Tag ging er auf den Markt, um das zu erbetteln, was er zum Leben brauchte. „Können Sie für einen armen Mann etwas entbehren? Haben Sie etwas für einen armen Mann?", fragte er die Leute, die an ihm vorbeigingen.

Einen Morgens kam eine goldene Kutsche ins Dorf gefahren. In der Kutsche saß lächelnd der König. Sofort dachte der arme Mann: „Das ist meine Chance. Jetzt ist es vorbei mit meinem Pech und meinem Leben in Armut. Der König ist freundlich und extra wegen mir hierhergekommen. Das fühle ich. Er gibt mir sicher einen Anteil von seinem Reichtum." Es schien tatsächlich so, als ob der König nur für ihn gekommen war, denn er ließ die Kutsche dicht neben dem Bettler anhalten. Der Mann machte eine tiefe Verbeugung, richtete sich wieder auf, sah den König an und fragte: „Haben Sie etwas für einen armen Mann?" Er war sich sicher, dass er nun Glück haben würde. Aber der König streckte seine Hand nach ihm aus und fragte ihn: „Was kannst du für mich entbehren, hast du etwas für mich …?"

Der arme Mann begriff es nicht und war sehr enttäuscht. Er wusste nicht, was er darauf antworten sollte. „Nimmt der König mich auf den Arm?", fragte er sich insgeheim. „Macht er sich über mich lustig?" Er schaute den König an, der noch immer lächelte und seine Hand ausgestreckt hielt. Da griff er in seinen Rucksack, in dem ein wenig Reis lag. Er nahm ein Reiskorn und gab es dem König. Dieser bedankte sich und fuhr weiter.

Als der arme Mann am Ende des Tages seinen Rucksack ausleerte, fand er ein goldenes Reiskorn. Er brach in Tränen aus und jammerte: „Hätte ich ihm doch nur all meinen Reis gegeben!"

Gesprächsleitfaden

Der arme Mann und der König

Alter 6–12 Jahre

Gehalt Gier und Habsucht. Bekommen wollen, aber nicht geben wollen. Abhängig sein von anderen.

Kernziele Teilen können. Unabhängig sein. Soziale Verpflichtung. Arbeit.

Offene Fragen [?] Woher kam das eine Reiskorn in dem Rucksack des armen Mannes? Warum nur eins? Was denkst du über den armen Mann? Was denkst du über den König? Warum? Verschenkst du auch manchmal etwas? Möchtest du dafür etwas zurückbekommen? Warum ja? Warum nein?

[?][?] Würde der arme Mann nur dann ein besseres Leben haben, wenn die Leute ihm viel geben würden? Welche andere Möglichkeit gibt es? Was hättest du dem König gegeben, wenn du der arme Mann gewesen wärst? Was hättest du gegeben, wenn du der König gewesen wärst? Warum? Wie findest du es, wie der arme Mann sein Leben verbringt? Hättest du dem König auch nur ein Reiskorn gegeben? Hättest du als König dem armen Mann auch nur ein Reiskorn zurückgegeben? Warum?

[?][?][?] Kannst du dir vorstellen, dass es Menschen gibt, die keine andere Wahl haben und für ihren Lebensunterhalt betteln müssen? Kennst du Menschen, die das tun? Wo wohnen sie? Wie kommt es dazu, dass sie so leben müssen? Wie ist das für dich? Gibst du manchmal jemandem etwas, weil er es nötig hat, ohne dafür etwas zurückzuverlangen? Wie ist das für dich?

5 Der zerbrochene Eimer

In Indien, einem Land, das weit weg von hier liegt, lief Narayana zum Fluss. Sie trug zwei Eimer, um Wasser für ihre Mutter zu holen, und schwenkte sie hin und her. Einer der Eimer fühlte sich großartig. Er war sehr gut dazu geeignet, Wasser zu holen. Der andere Eimer war etwas betrübt, denn er hatte einen Riss im Boden. Er dachte: ‚Nun werde ich gleich wieder mit Wasser gefüllt, aber bis wir zu Hause angekommen sind, ist die Hälfte schon aus dem Riss hinausgelaufen. Und dann muss Narayana noch einmal zum Fluss laufen.' Traurig erzählte er Narayana, was ihn so bedrückte.

„Ach, du armer Eimer", sagte Narayana. „Achte gleich auf dem Rückweg auf die schönen Blumen, die am Wegrand stehen." Das tat der Eimer dann auch. Es tat ihm gut, all die Blumen zu sehen, und er wurde fröhlicher, bis er – Tropf, Tropf, Tropf – die Wassertropfen sah, die aus ihm hinausflossen. Narayana bemerkte es und sagte: „Du weißt sicher nicht, wie all die Blumen dort hingekommen sind, vor allen Dingen auf deiner Seite des Weges." Nein, das verstand er tatsächlich nicht. „Das kommt daher, weil ich an dieser Seite des Weges Blumensamen gestreut habe. Ich wusste doch, dass du ein bisschen tröpfelst. Du hast ihnen immer ein wenig Wasser gegeben. Und schau nur! Sie gedeihen wunderbar und tragen viele Blüten. Ich pflücke unterwegs jeden Tag einen Strauß und bringe ihn meiner Mutter, die sich sehr darüber freut. Ich bin froh, dass du so bist, wie du bist!"

Gesprächsleitfaden

Der zerbrochene Eimer

Alter 6–12 Jahre

Gehalt Die Bedeutung der Wertschätzung durch andere. Manchmal gibt es trotz Einschränkung viele andere Möglichkeiten. Etwas mit Freude für andere tun.

Kernziele Gesundheit, Krankheit und Behinderung. Eine zeitliche Einschränkung kann die Wahrnehmung verändern, z.B. ein Gips. Können Nachteile zum Vorteil werden? Mit den Einschränkungen von anderen umgehen können. Wegen eines so genannten Fehlers das Selbstvertrauen nicht verlieren.

Offene Fragen ? Warum fühlte sich der eine Eimer großartig und der andere war betrübt? Gelingt dir auch manchmal etwas nicht? Wie findest du das? Und was machst du dann?

?? Narayana sagt dem gebrochenen Eimer, dass es vor allem ihm zu verdanken ist, dass die Blumen blühen. Was glaubst du, wie er sich fühlt? Hat sich dadurch etwas in ihm verändert?

??? Was denken die beiden Eimer voneinander? Bist du auch manchmal traurig, wenn du etwas nicht gut kannst?
Was würde dir dann helfen? Narayana sagt zu dem gebrochenen Eimer, dass sie froh ist, dass er so ist, wie er ist.
Was meint sie damit? Was glaubst du, wie der Eimer reagiert?
Wie reagieren andere, wenn dir etwas nicht gelingt? Wie findest du das dann? Hättest du gerne, dass sie anders reagieren? Wie?
Wie reagierst du selbst, wenn anderen etwas nicht gelingt?
Wie reagierst du auf Menschen, die mit Einschränkungen oder Behinderungen leben müssen? Gibt es Dinge an dir, von denen du sagst: „So bin ich nun einmal"?

6 Die Schneeflocke

Es schneit leise, und auf dem Zweig eines Tannenbaumes sitzt ein Zaunkönig. Sonst ist der kleine, braune Vogel mit den aufgerichteten Schwanzfedern so munter, nun sitzt er mucksmäuschenstill da. Man hört ihn nur zählen. Zählen? Ja, er ist bei 3997 – 3998 – 3999 …

„Was machst du denn da?", fragt plötzlich eine Stimme. Der Zaunkönig fällt vor Schreck beinahe von dem Ast. „Mein Gott!", sagt er zu der weißen Taube, die auf einem anderen Zweig der Tanne sitzt. „Hast DU mich aber erschreckt. Ich habe dich überhaupt nicht gesehen. Bist du schon lange hier?" „Ja, ich bin schon eine Weile da. Eigentlich bin ich schon immer da gewesen", sagt die Taube. „Ich bin eine Friedenstaube. Ich versuche, die Menschen daran zu erinnern, dass Friede möglich ist. – Aber nun weiß ich immer noch nicht, was du da machst."

„Das kann ich dir erzählen", sagt der Zaunkönig. „Aber zuerst habe ich noch eine Frage an dich: Wie viel wiegt eine Schneeflocke?" „Nichts, denke ich", sagt die Taube.

„Dann hör mir mal gut zu", sagt der Zaunkönig. „Gestern saß ich auch hier und habe gezählt. Der ganze Ast lag voll mit Schnee. Ich hatte bereits 4000 Flocken gezählt und es ging immer noch weiter. 4001 – 4002 – 4003 – 4004 … und dann fiel die Flocke 4005 … und … der Ast brach ab! Ich lag mitten in einem Berg von Schnee auf dem Boden. Dann kannst du mir doch wohl nicht erzählen, dass die Flocke nichts gewogen hat!"

Die Taube ist still. „Ich geh' nun mal zu einem anderen Ast und fange von vorne an, ich habe die Zahl vergessen", sagt der Zaunkönig. „Auf Wiedersehen und viel Erfolg bei deiner Arbeit."

„Hat es tatsächlich an der einen Schneeflocke gelegen, dass der Zweig abgebrochen ist?", denkt die Taube. „Wenn das so ist – kann es dann mit dem Frieden genauso sein? Wenn es schon so viele Erwachsene und Kinder gibt, die sich Frieden wünschen, die versuchen, in Frieden miteinander zu leben, muss dann nur noch einer dazukommen, damit es wirklich Frieden wird?"

Gesprächsleitfaden

Die Schneeflocke

Alter 6 – 12 Jahre

Gehalt Alles, was jeder in seiner eigenen Art und Weise zum Frieden beiträgt, zählt. Wenn wir das alle versuchen, hat der Frieden eine echte Chance. Auch in anderen Situationen zählt dein eigener Beitrag.

Kernziele Wertschätzung des eigenen Beitrages zum großen Ganzen. Jeder kann zu einem friedvollen Zusammenleben etwas beitragen.

Offene Fragen Kann es wirklich sein, dass nur noch einer fehlt, damit es Frieden wird? Glaubst du das? Warum? Oder warum nicht? Könntest du selbst derjenige sein? Wie? Was kannst du dafür tun? Was könnt ihr gemeinsam dafür tun?

7 Die 1000 Spiegel

Es war einmal ein Hund. Er hatte gehört, dass auf dem Jahrmarkt ein Zelt mit 1000 Spiegeln stand – das wollte er sehen! Nachdem er eine ganze Weile gelaufen war, kam er schließlich auf dem Platz an, wo der Jahrmarkt stattfand, und fand auch gleich das Spiegelzelt. Er suchte nach einer Öffnung, durch die er hindurchschlüpfen konnte, und entdeckte an der Rückseite des Zeltes ein Loch. Er lief zunächst durch einige Gänge, danach um die Ecke und dann – dann schauten ihn auf einmal aus 1000 Spiegeln 1000 Hunde an. Der Hund bekam Angst. Er zeigte seine Zähne und knurrte.
Die Hunde in den Spiegeln zeigten auch ihre Zähne und knurrten zurück. Vor lauter Schreck lief er mit eingezogenem Schwanz ganz schnell davon und dachte, dass die Welt voll mit bösen Hunden war.

Kurze Zeit später kam ein anderer Hund auf den Jahrmarkt. Auch er ging in das Spiegelzelt, lief durch die Gänge, weiter um die Ecke und – da schauten auch ihn 1000 Hunde aus 1000 Spiegeln an. Das war ja lustig! Er wedelte mit dem Schwanz. Die Hunde in den Spiegeln wedelten auch alle mit dem Schwanz. Er freute sich, dass es so viele freundliche Hunde auf der Welt gab und wollte in Zukunft jeden Tag nach ihnen Ausschau halten.

Gesprächsleitfaden

Die 1000 Spiegel

Alter 6–12 Jahre

Thema Die Welt sehen, so wie du sie wahrnimmst. Welche „Brille" hast du auf? Dein Benehmen kann das gleiche Verhalten bei anderen hervorrufen.

Gehalt Der Welt mit oder ohne Vertrauen entgegentreten. Die Freude der Begegnung. Bosheit aus Angst.

Kernziele Wahrnehmen des eigenen Verhaltens. Das eigene Verhalten in Beziehung zu anderen. Selbstvertrauen. Umgang mit Gefühlen.

Offene Fragen Lassen Sie die Kinder als Einstieg mit Spiegeln experimentieren.

? Warum wedelt der eine Hund mit dem Schwanz und der andere knurrt? Ist die Welt voll mit bösen oder freundlichen Hunden? Hast du schon einmal erlebt, dass du etwas mit Freude gemacht hast und jemand anderen motiviert hast? Hast du mit deiner eigenen Bosheit schon einmal jemand anderen verärgert?

?? Was hast du bei dieser Geschichte gedacht und gefühlt? Kannst du auch sagen, warum? Warum hat der eine Hund Angst bekommen? Wie reagierst du selbst, wenn du Angst hast? Warum hat der ängstliche Hund geknurrt? Was hätte er stattdessen tun können? Wie reagieren Menschen auf dich, wenn du gute Laune hast? Wie reagieren sie, wenn du dich ärgerst?

??? Wie kommt es, dass du dich manchmal nicht sicher und gut fühlst? Ärgerlich werden kann eine sinnvolle Reaktion sein. Wann ist es angebracht? Wirst du aggressiv, wenn du Angst hast oder unsicher bist? Hast du dann weniger Angst? Welche Reaktion rufst du dann in anderen hervor? Weißt du auch, warum?

8 Die drei Raupen

In einem Nest, das aussieht, als ob es aus Spinnwebfäden gemacht wurde, sind viele Raupen aus ihren Eiern gekrochen. Und nun haben sie Hunger! Zum Glück ist das Nest in einer Eiche, denn kleine Raupen lieben frische Eichenblätter! Sie knabbern daran, bis ihre Bäuche dick und rund sind und der Baum – kahl ist. Nun ja, beinahe vielleicht. Ganz oben im Baum, auf dem höchsten Ast, am letzten Ende hängt noch ein Blatt. Ein einziges Blättchen noch! Alle Raupen würden gerne einen kleinen Bissen davon haben, aber leider können sie nicht hinkommen.

Das denken sie. Aber nicht alle. Es gibt drei kleine Raupen, die doch versuchen wollen, zu dem Blatt zu gelangen. Sie sind schon beinahe am unteren Ende des höchsten Astes angekommen. „Tut es nicht!", rufen die anderen Raupen. „Es gelingt euch doch nicht!" „Sie haben Recht", denkt eine der drei Raupen. „Ich versuche es doch nicht."

Die anderen beiden beginnen, den Stamm hochzuklettern. Aber die Raupen rufen immer noch: „Hört doch auf! Das geht schief! Es ist wirklich dumm von euch!" Eine der beiden Raupen fängt nun auch an, zu zweifeln. „Ist es wirklich keine gute Idee? Wenn alle das Gleiche sagen, wird es wohl wahr sein." Sie traut sich nicht mehr weiter und kehrt um. Nun ist nur noch eine Raupe übrig, und sie klettert ganz vorsichtig bis ganz nach oben. Sie erreicht das Blatt und beginnt, genüsslich daran zu knabbern. „Mmmh, herrlich!" Als sie ihren Bauch voll hat, klettert sie wieder hinunter und fragt die anderen Raupen: „Was habt ihr eigentlich die ganze Zeit gerufen? Ich konnte leider nichts verstehen. Ich glaube, ich bin ein wenig taub."

9 Die drei Frösche

Drei Frösche wollten einen Wettstreit machen. Sie beschlossen, einen Berg zu besteigen. Viele Frösche von nah und fern kamen herbei, um das Ereignis mit eigenen Augen zu sehen. Und alle riefen: „Das gelingt ihnen nie! Ihr wisst sicher nicht, wie hoch der Berg ist! Wer will so etwas schon versuchen! Ihr begreift doch wohl, dass das nicht möglich ist!" So riefen alle durcheinander.

Der erste Frosch, der das alles gehört hatte, beschloss darum, es erst gar nicht zu versuchen. Wenn alle rufen, dass es unmöglich ist, dann wird es wohl auch so sein. Die beiden anderen Frösche begannen mit ihrer Bergbesteigung. Und immer noch riefen die anderen Frösche: „Hört doch auf, das gelingt euch doch nicht, ihr seid dumm!" Der zweite Frosch begann nun auch, zu zweifeln. So viele Frösche zusammen wussten es doch bestimmt besser als er alleine. Sie hatten Recht. Er gab auf.

Der dritte Frosch kletterte weiter. Nach einer langen Wanderung erreicht er die Spitze des Berges. Die Frösche im Tal schauten sich voller Überraschung an. Und der Frosch oben auf dem Berg? Er stand da und genoss still die wunderbare Aussicht. Er hatte die anderen Frösche nicht gehört. Er war taub.

Gesprächsleitfaden

Die drei Raupen
Die drei Frösche

Alter Geschichte 8: Die drei Raupen, 6 – 8 Jahre
Geschichte 9: Die drei Frösche, 8 – 12 Jahre

Gehalt Man selbst sein. Der Einfluss von anderen auf meine Entscheidung. Die Kraft einer Gruppe. „Taub" sein dürfen, um meine eigene innere Stimme hören zu können. Was ist echte Zusammengehörigkeit? Sich motivieren oder zurückhalten?

Kernziele Die eigenen Möglichkeiten kennen und seinen eigenen Weg damit gehen. Selbstbewusstsein. Eine körperliche Herausforderung annehmen. Der positive und negative Einfluss einer Gruppe. Gruppengefühl in Verbindung mit Freiheit in Denken und Handeln.

Offene Fragen

Die drei Raupen

? Eine Raupe kletterte gleich nicht weiter, die andere stoppt nach kurzer Zeit auch. Warum? Warum gelangte die dritte Raupe dann doch zu dem Blatt?

?? Was würdest du tun, wenn du eine der drei Raupen wärst? Warum? Hast du auch schon einmal etwas Schwieriges ausprobiert? Hat jemand dann etwas zu dir gesagt? Wie war das für dich?

Offene Fragen

Die drei Frösche

? Die anderen Frösche riefen, dass es keine gute Idee ist. Warum? Warum hat der erste Frosch gleich aufgegeben?
Warum hat der zweite dann aufgehört? Warum kam der dritte Frosch doch bis nach oben?

?? Was glaubst du, hätte der dritte Frosch getan, wenn er die anderen Frösche gehört hätte? Warum? Ist dir schon einmal etwas gelungen, wovon andere geglaubt haben, dass du es nicht kannst? Wie war das für dich? Glaubst du, dass wirklich alle Frösche einer Meinung waren? Wenn nicht, warum haben sie dann doch alle mit gerufen?

??? Hast du auch schon einmal mit einer Sache aufgehört, obwohl du es eigentlich noch weiter probieren wolltest, nur weil andere gesagt haben, dass du es nicht tun sollst? Wie war das? Wie fühlt es sich an, wenn andere dich ermutigen und anfeuern? Unterstützt du selbst manchmal andere? Hast du auch schon einmal jemanden davon abgehalten, etwas zu tun? Warum?

10 Der hungrige Kaftan

Eines Tages ging ein Mullah auf das Fest eines wichtigen Dorfbewohners. Als er eintrat, bemerkte er, dass jeder seinen besten Kaftan aus Samt und Seide anhatte. Die anderen Gäste schauten kurz auf, wie er da so stand in seinem einfachen Gewand, reckten ihre Nase in die Luft und taten so, als ob es ihn nicht gäbe. Sie drängten ihn sogar von dem Tisch weg, auf dem das Essen angerichtet war. „Ach so …", dachte der Mullah. Er lief schnell nach Hause, zog seinen schönsten Kaftan an und ging so, in vollem Ornat, wieder zurück zu dem Fest. Und siehe da, plötzlich bemerkten ihn die anderen Gäste sehr wohl. Jeder versuchte, mit ihm ins Gespräch zu kommen. Beinahe schien es so, als ob er der wichtigste Gast war. Von allen Seiten wurden ihm die besten Speisen angeboten.

Aber an Stelle es aufzuessen, stopfte der Mullah es in die Ärmel seines Kaftans. „Mullah, was machst du denn da?", fragten die anderen Gäste überrascht. „Warum isst du nicht, was wir dir geben?"

Der Mullah stopfte weiter das Essen in seine Ärmel und antwortete: „Ich kam in meinen normalen Kleidern, und ihr habt mich noch nicht einmal angeschaut. Es wurde mir auch kein Essen angeboten. Aber nun, da ich diesen schönen Kaftan anhabe, bekomme ich reichlich zu Essen. Und darum muss man wahrheitsgetreu sagen, ist das Essen nicht für mich, sondern für meinen Kaftan."

Gesprächsleitfaden

Der hungrige Kaftan

Alter 8–12 Jahre

Thema Urteilen auf der Basis von Äußerlichkeiten.
Der erste Eindruck bestimmt, wie ich mit anderen umgehe.

Gehalt Machen Kleider Leute? Im Positiven als auch im Negativen?
Wie wichtig ist es dir und anderen, wie du aussiehst?

Kernziele Selbsterkenntnis. Der Unterschied zwischen innen und außen.
Anderssein, andere Kleidung, anderes Benehmen akzeptieren.

Offene Fragen

Für die Gäste ist der Mullah in dem schönen Kaftan ein anderer als der Mullah in dem bescheidenen Kaftan. Warum? Wie denkst du darüber?

Wie hat sich der Mullah wohl in seinem normalen Kaftan gefühlt? Kennst du das Gefühl? Wie hat er sich wohl in dem schönen Kaftan gefühlt? Kennst du dieses Gefühl auch? Der Mullah gibt seinem Kaftan das Essen. Warum? Wie findest du das? Findest du es wichtig, wie andere aussehen, wie du selbst aussiehst? Warum? Wie möchtest du von anderen Menschen wahrgenommen werden? Wie du aussiehst? Oder wie du bist? Warum? Wie könnte die Geschichte weitergehen?

Stell dir vor, du bist einer der Gäste auf dem Fest. Was hättest du gesagt oder getan, nachdem der Mullah erklärt hat, warum er das Essen in seinen Kaftan gestopft hat? Kennst du Menschen, die durch ihre Kleider auffallen? Wie findest du das? Kennst du Menschen, die von anderen beurteilt werden, weil sie durch ihre Kleidung auffallen?

11 Der Hahn und die Sonne

Auf dem Bauernhof laufen alle Hühner ohne Orientierung wild durcheinander herum. Was ist geschehen? Der Hahn ist krank! Er kann nicht mehr krähen. Und er muss morgen früh wieder krähen, sonst geht die Sonne nicht auf. Dann bleibt es den ganzen Tag lang dunkel. Die Hühner gackern lautstark, aber niemand weiß, was nun geschehen soll. Als es Abend wird, gehen sie ängstlich in den Stall und versuchen, zu schlafen.

Am nächsten Morgen kriecht der Hahn, krank wie er ist, auf den Misthaufen. Als er oben angekommen ist, macht er seinen Schnabel auf, holt tief Luft – und bringt keinen Ton heraus. Er versucht es noch einmal, aber es gelingt ihm wirklich nicht. Inzwischen geht die Sonne langsam auf. Einfach so, wie immer – ohne Hahnenschrei. Die Hühner schauen überrascht auf. Dann werden sie böse. Die ganze Zeit haben sie geglaubt, dass der Hahn die Sonne rufen kann. „Du bist ein Betrüger!", rufen sie und jagen ihn mit viel Gegacker vom Hof.

Am Abend geht die Sonne wieder unter, und die Hühner begeben sich in den Stall. Am nächsten Morgen, als die Sonne aufgeht, wird kein einziges Huhn wach. Sie schlafen alle weiter. Es ist kein Hahn mehr da, der sie mit seinem Krähen weckt.

Gesprächsleitfaden

Der Hahn und die Sonne

Alter 6–12 Jahre

Gehalt Glauben, ohne nachzudenken. Sprichwörtlich: wie ein kopfloses Huhn. Denken, was die anderen denken, macht abhängig. Die Wichtigkeit, Fragen stellen zu können, dürfen, wagen. Tun, was man kann. Die eigene Aufgabe ausführen.

Kernziele Einzigartig sein und gleichzeitig zu einer Gruppe dazugehören. Wahrnehmen der eigenen Einschränkungen und Begrenzungen und denen von anderen, darauf Rücksicht nehmen, aber auch die Möglichkeiten sehen. Integration und Identität. Gegenüber bestehenden Meinungen kritisch bleiben. Respekt und Wertschätzung vor den Aufgaben anderer.

Offene Fragen [?] Wovor haben die Hühner Angst? Wie kommt es dazu? Was denkst du darüber? Was kann der Hahn nicht? Was kann er? Hättest du den Hahn auch weggeschickt? Warum? Warum nicht?

[?][?] Lag es an dem Hahn selbst, dass die Hühner dachten, er könne die Sonne rufen? Wie denkst du darüber? Oder liegt es an den Hühnern? Welche wichtige Rolle hatte der Hahn?

[?][?][?] Hat vielleicht jemals ein Huhn darüber nachgedacht, dass es nicht an dem Hahn liegt, wenn die Sonne aufgeht? Was hätte es nach dieser Erkenntnis tun müssen? Was glaubst du, wie die anderen Hühner dann reagiert hätten? Bist du schon einmal enttäuscht gewesen, weil du etwas geglaubt hast, was sich hinterher als falsch herausgestellt hat? Wie hast du dich dabei gefühlt? Wie denkst du nun im Nachhinein darüber? Hast du schon einmal etwas von jemandem erwartet, was er nicht erfüllen konnte? Zum Beispiel von deinem Vater/deiner Mutter?

12 Der Zirkuselefant

Die Musik im Zirkus wird immer spannender. Gleich wird Carlo, der Zirkuselefant, sein größtes Kunststück zeigen. Alle anderen Elefanten sitzen an der Seite auf ihren Hockern. Der Dompteur steht bei einem riesigen Baumstamm, den Carlo gleich aufheben und dann so über zwei Tonnen legen soll, sodass es eine Brücke wird. Es ist ganz still im Zelt. Man hört beinahe, wie das Publikum denkt: „Wird der Elefant das schaffen? Einen so schweren Baumstamm hochheben? Das gelingt ihm sicher nicht." Carlo bekommt von dem Dompteur ein Zeichen und läuft langsam nach vorne. Sein mächtiger Kopf und seine großen Ohren schwingen dabei hin und her. Er bleibt vor dem Baumstamm stehen, schiebt seine Stoßzähne darunter, schlingt seinen Rüssel um den Stamm und hebt ihn hoch. Carlo läuft sehr behutsam zu den beiden Tonnen und legt den Baumstamm dort ab. Das Publikum applaudiert begeistert. Carlo macht eine Elefantenverbeugung und setzt sich dann wieder auf seinen eigenen Hocker.

Als die Vorstellung vorbei ist, gehen einige Kinder noch mit ihren Eltern zu den Zirkustieren: Zu den Löwen in ihrem Käfig, zu den Hühnern des Clowns, zu den Pferden und zu den Elefanten. Und da ist Carlo auch. Nun hat er aber eine Kette um seinen Fuß und ist damit an einem Pfahl festgebunden. „Mama", sagt eines der Kinder, „Carlo konnte doch gerade einen ganz schweren Baumstamm hochheben. Dann kann er doch eigentlich auch diesen Pfahl aus dem Boden ziehen. Dann ist er frei." „Ja, so ist es", antwortet die Mutter.

„Er weiß es aber nicht", sagt sein Vater. „Als Carlo noch ein ganz kleiner Elefant war, wurde er bereits an diesem Pfahl festgebunden. Damals hatte er nicht genug Kraft, ihn aus dem Boden zu ziehen. Er denkt nun immer noch, dass er es nicht kann."

13 Der zehnte Esel

Es war einmal ein Bauer, der hatte zehn Esel, mit denen er seine Felder bestellte. Nach einem langen, arbeitsreichen Tag ging er mit seinen Eseln nach Hause und band sie an Pfählen fest, die er dafür in den Boden geschlagen hatte. Nachdem neun Esel festgebunden waren, stellte er zu seinem Schrecken fest, dass er das zehnte Seil verloren hatte und somit den zehnten Esel nicht festbinden konnte.

Was nun? Da war guter Rat teuer. In diesem Augenblick sah der Bauer einen Wanderer, der unter einem Baum saß, um sich auszuruhen. Er ging zu ihm hin und erzählte ihm von seinem Problem. „Nun", sagte der Wanderer, „ein Seil habe ich nicht, aber eine Idee. Das Einzige, was du tun musst, ist, die Bewegung zu machen, die du sonst mit dem Seil gemacht hast. Tu so, als ob du den Esel festbinden würdest. Das ist alles." Der Bauer ging zurück zu dem zehnten Esel und tat so, als ob er das Seil um seinen Hals legte und dann an dem Pfahl festbinden würde. Danach ging er ins Haus. Er versuchte, dem seltsamen Rat des Fremden zu vertrauen, gleichzeitig hatte er aber auch Angst, dass sein Esel im Dunkel der Nacht weglaufen würde.

Als er am nächsten Morgen wieder hinauskam, standen alle Esel brav in einer Reihe. Auch der zehnte. Erleichtert, dass alles so gut verlaufen war, machte der Bauer die neun Esel wieder los und wollte mit ihnen auf das Feld zur Arbeit gehen. Zu seiner großen Überraschung weigerte sich der zehnte Esel aber, auch nur einen Fuß vor den anderen zu setzen. Der Bauer zog, schrie, schimpfte und gab dem Esel einen Klaps auf sein Hinterteil, aber nichts half. Das Tier blieb stocksteif stehen, wo es war. Da schaute er zu dem Baum hin, wo der Wanderer am anderen Tag gesessen hatte. Er war wieder da. Der Bauer lief zu ihm hin und erzählte ihm alles. Dieser erwiderte ihm: „Hast du den zehnten Esel auch wieder losgebunden?" „Nein, natürlich nicht", sagte der Bauer. „Er ist doch überhaupt nicht festgebunden." „Aha", sagte der Wanderer. „Du weißt, dass der Esel nicht festgebunden ist und es auch nie war, aber der Esel weiß es nicht. Er denkt noch immer, dass er an den Pfahl gebunden ist." Der Bauer lief zurück zu seinem Esel, tat so, als ob er das Seil vom Pfahl losmachte und es vom Hals des Tieres nahm. Kaum hatte er dies getan, lief der Esel brav mit auf das Feld.

Gesprächsleitfaden

Der Zirkuselefant
Der zehnte Esel

Alter Geschichte 12: Der Zirkuselefant, 6 – 8 Jahre
Geschichte 13: Der zehnte Esel, 8 – 12 Jahre

Gehalt Was du denkst, ist nicht immer wahr, kann dich aber stark beeinflussen.

Kernziele Selbstbild. Einschränkende Erfahrungen können noch lange beeinflussend sein. Was braucht man für ein positives, realistisches Bild?

Offene Fragen

Der Zirkuselefant

[?] Carlo ist ein großer, starker Elefant. Dennoch weiß er nicht, dass er den Pfahl, an dem er festgebunden ist, einfach aus dem Boden ziehen kann. Der Vater erklärt den Kindern, warum das so ist. Glaubst du, dass es stimmt?

[?][?] Meinst du, dass Carlo aus dem Zirkus wegmöchte? Warum ja? Warum nein? Gibt es Dinge, von denen du selbst glaubst, dass du es nicht kannst oder darfst? Warum nicht? Ist vielleicht etwas dabei, was du doch einmal ausprobieren möchtest? Kannst du alles tun, was du möchtest? Warum ja? Warum nein?

Offene Fragen

Der zehnte Esel

[?][?][?] Warum bleibt der zehnte Esel auch ohne Seil stehen? Der Esel denkt, dass er etwas nicht kann. Kennst du dieses Gefühl? In welcher Situation ist das? Weißt du dann sicher, dass du es nicht kannst? Warum fühlen sich Menschen manchmal nicht frei, zu denken oder zu tun, was sie gerne möchten?

Zwei Igel und der Regenwurm

An einem schönen Sonntagmorgen ist es noch ganz still im Garten. Die ersten Vögel singen schon. Zwei Igel, dicke Freunde, sind auf dem Weg zu ihrem Schlafplatz unter einem Stapel von Zweigen. Sie waren die ganze Nacht zusammen auf Nahrungssuche gewesen. Da sieht einer der Igel, wie ein leckerer, dicker Regenwurm aus dem Boden hervorkriecht. Er sagt nichts, aber trödelt ein wenig, bis sein Freund beinahe unter den Zweigen verschwunden ist. So schnell, wie ihn seine Pfötchen tragen können, eilt er zu der Stelle, an der er den Regenwurm gesehen hat.

Inzwischen hat sein Freund gemerkt, dass er alleine ist, und schaut sich suchend um. Er sieht den Regenwurm. Den möchte er auch gerne essen. Er läuft zu ihm hin und ruft: „Ich habe ihn zuerst gesehen. Der Regenwurm gehört mir!" Der andere Igel erwidert: „Das hast du dir wohl so gedacht! Du hast ihn vor Kurzem noch nicht einmal bemerkt. Du kannst ihn nicht eher als ich gesehen haben!" „Doch!" „Nein!" „Doch!" „Nein!" So geht es noch eine Weile weiter. Und der Regenwurm? Der hat sich schon längst wieder in den Boden zurückgezogen. Als die Igel endlich ihren Streit beenden, müssen sie feststellen, dass der Wurm weg ist.

„Das ist deine Schuld", sagt der eine Igel. „Nein!", ruft der andere, und der Streit beginnt von Neuem. Als sie schließlich müde sind, suchen sie sich beide eine eigene Stelle zum Schlafen. Der Schlafplatz unter den Zweigen bleibt leer. Früh am Abend, als es schon ein wenig dunkel wird, erwacht der eine Igel, alleine. Er kommt unter einem Haufen Blätter hervor und – rutscht beinahe auf einem halben Regenwurm aus. Wer hat den denn wohl dort hingelegt?

Gesprächsleitfaden

Zwei Igel und der Regenwurm

Alter 6–12 Jahre

Gehalt Freundschaft. Alleine sein. Wiedergutmachen.

Kernziele Der Wert von Freundschaft. Selbst wählen, selbst die Wirkung davon sehen und erfahren, selbst wiedergutmachen. Freundschaft beinhaltet, teilen zu können.

Offene Fragen Wie findest du das Verhalten des Igels, der nicht sagt, dass er einen leckeren Regenwurm sieht? Warum? Wie findest du das Verhalten des Igels, der gesagt hat, dass er den Regenwurm zuerst gesehen hat? Was hättest du getan, wenn du einer der Igel gewesen wärst? Warum? Wie hätten sie beide davon essen und auch Freunde bleiben können? Was glaubst du, wer den halben Regenwurm hingelegt hat? Die Geschichte ist noch nicht zu Ende. Hast du vielleicht eine Idee, wie es weitergehen könnte?

15 Der Junge und die Möwen

Es war einmal ein Junge, der Möwen liebte. Jeden Morgen ruderte er ein Stück weit auf das Meer hinaus. Beinahe 100 Möwen flogen dabei mit ihm mit. Wenn er weit genug draußen war, legte er sich im Boot längs nieder und schaute zu den Möwen hinauf. Sie kreisten über seinem Kopf und schwebten durch die Luft. Sie tauchten um ihn herum ins Wasser, um zu fischen. Sie kamen sogar zu ihm und setzten sich auf den Rand des Bootes, um sich auszuruhen. Einige wagten es sogar, sich auf seine Schultern zu setzen. Die Möwen und der Junge spielten miteinander. Er warf die Reste seines Brotes ins Wasser, um zu schauen, welche Möwe am schnellsten war. Und die Möwen ließen den Fisch, den sie gerade gefangen hatten, ins Boot fallen und versuchten, ihn so schnell wie möglich wieder aufzunehmen, bevor der Junge den Fisch fassen konnte.

Aber eines Tages veränderte sich alles. Es war der Tag, an dem der Junge plötzlich dachte: „Eigentlich ist es ja ganz einfach, einige zu fangen. Damit kann ich jemandem eine Freude machen, oder ich kann sie verkaufen." Als er an diesem Tag auf das Meer hinausruderte, flogen die Möwen wie immer mit ihm mit. Er legte sich wieder in sein Boot.

Und die Möwen? Sie flogen hoch über seinem Kopf ihre Runden, aber sie landeten nicht mehr bei ihm in seinem Boot. Sie pickten wohl sein Brot aus dem Wasser, aber ließen ihre Fische nicht ins Boot fallen. Und sie setzten sich nicht mehr auf seine Schultern.

Gesprächsleitfaden

Der Junge und die Möwen

Alter 10–12 Jahre

Gehalt Gute und schlechte Absichten. Nicht nur das, was du tust oder sagst, sondern auch, welche Absicht du hast, ist für Menschen und Tiere wahrnehmbar.

Kernziele Freundschaft, Rücksicht nehmen, eigene Bedürfnisse und Wünsche wahrnehmen. Fühlen, wie etwas gemeint ist. Werte und Normen im Zusammenleben. Kennzeichen, Äußerungsformen und Grenzen von Freundschaft.

Offene Fragen [?] Am Anfang kamen die Möwen noch nahe zu dem Jungen heran. Warum? Warum kamen sie später nicht mehr so nah?

[?][?] Wie sichtbar oder wahrnehmbar sind negative Absichten, zu lügen, etwas Verbotenes tun zu wollen? Hast du schon einmal erlebt, dass jemand gemerkt hat, dass du etwas tun wolltest, was nicht gut war? Wie war das für dich? Hast du so etwas bei einem anderen erlebt? An wen hat der Junge hauptsächlich gedacht, als er die Möwen fangen wollte? Warum? Kannst du das auch in dir selbst wiederfinden?

[?][?][?] Wenn du eine Möwe wärst, wie würdest du dich dann fühlen? Was glaubst du, wie die Geschichte weitergeht? Was wird der Junge machen? Wie reagieren die Möwen?

16 Der Kürbis

Auf einer Lichtung im Wald, wo oft viele Affen spielten, stand ein großer Baum. Und in diesem Baum hing ein Kürbis, in dem süßer Reis war. Ein Jäger hatte ihn dort hingehängt. In dem Kürbis war ein kleines Loch, durch das der Reis hineingeschoben wurde. So hing der Kürbis im Baum. Aber nicht mehr lange. Denn dort kam schon ein neugieriger Affe. Er lief erst ganz vorsichtig um den Baum herum, kletterte auf einen Zweig in der Nähe des Kürbisses und schaute ihn etwas genauer an. Er fand es ein komisches Ding, aber nun ja – es roch so lecker!

Er kletterte noch etwas näher heran und sah dann das Loch, aus dem der herrliche Geruch stieg. Durch das Loch hindurch sah er den Reis. Er nahm den Kürbis in seine Hände, drehte ihn um, beschnüffelte ihn gut und griff dann mit einer Pfote in das Loch. Er nahm eine ganze Hand mit Reis und – oh – warum konnte er seine Hand nun nicht mehr herausholen? Seine Hand, mit Reis gefüllt, passte nun nicht mehr durch das Loch. Er wurde ärgerlich, schrie vor lauter Wut. Und dann – dann kam ein Tiger. Der Tiger hatte Hunger. Er hörte das Geschrei und bekam Lust auf ein Stückchen Affe. Rannte der Affe nun schnell weg? Nein, er hatte zu viel Lust auf den Reis und wollte ihn nicht loslassen. Du kannst dir sicher vorstellen, was nun geschah: Der Affe wurde aufgefressen.

Aber wie konnte das nun eigentlich geschehen?
War es die Schuld des Jägers, der den Kürbis aufgehängt hatte?
Lag es an dem Loch im Kürbis, das zu klein war?
Kam es durch den Hunger des Tigers?
Oder lag es vielleicht an dem Affen selbst?
Was denkst du?

Gesprächsleitfaden

Der Kürbis

Alter 8–12 Jahre

Gehalt Keine Sicherheit wählen. Der Affe ist so gefangen von dem, was er haben möchte, dass er seine eigene Sicherheit außer Acht lässt.

Kernziele Andere Möglichkeiten für riskantes Habenwollen. Bewusstes Verhalten zur eigenen Sicherheit.

Offene Fragen

? Was hättest du getan, wenn du der Affe gewesen wärst? Warum? Wie hätte er den Reis dennoch essen können, ohne selbst gefressen zu werden?

?? Ist dir selbst schon einmal etwas passiert, weil du deine eigene Sicherheit nicht beachtet hast?

??? Warum hat der Affe den Reis nicht losgelassen? Hast du auch schon einmal etwas unbedingt haben wollen und konntest darum an nichts anderes mehr denken? Wie war das? Wie ist es ausgegangen?

Der Meister und die Steine

In einer Schule wartete eine Gruppe von Schülern auf ihren Meister. Was wird er wohl heute erzählen? Dort kam er schon. Er trug eine große Tasche. „Guten Morgen“, sagte er. „Guten Morgen“, antworteten die Schüler, und einer von ihnen rief sogleich: „Was ist denn in der Tasche?“ „Du bist ganz schön neugierig“, sagte der Meister, „aber du hast Glück, ich werde es dir gleich zeigen.“

Er stellte eine Vase aus Glas auf seinen Schreibtisch und holte einen Haufen Kieselsteine aus seiner Tasche. Vorsichtig legte er einen Stein nach dem anderen in die Vase, bis kein Stein mehr hineinpasste. „Ist die Vase nun voll?“, fragte er die Gruppe. Die Schüler waren alle der Meinung, dass es so war. Der Meister lächelte und holte nun einen Behälter mit Kieselsteinen aus seiner Tasche. Er legte die viel kleineren Steine auf die großen Steine und schüttelte die Vase ein wenig, sodass die kleinen Steine zwischen den großen Steinen hinunter bis zum Boden der Vase fielen.

„Ist die Vase voll?", fragte er die Gruppe erneut. „Ja", fanden die meisten Schüler, wenngleich man auch sah, dass manche dachten: „Oder etwa nicht?" Wieder lächelte der Meister. Er nahm eine Tüte mit Sand aus seiner Tasche, schüttete ihn in die Vase, bewegte die Vase dann ein wenig hin und her, bis der ganze Sand sich in der Vase verteilt hatte. „Ist die Vase nun voll?" Die Schüler dachten zwar, dass nun wirklich nichts mehr hinpassen konnte, aber an dem Lächeln des Meisters war zu sehnen, das noch etwas kommen würde. Und richtig – er nahm einen Krug mit Wasser und goss ihn in die Vase. „Jetzt ist die Vase voll", sagte er. „Aber passt auf, wir machen es jetzt anders. Ich habe hier eine gleich große Vase, genauso viele Steine, Kiesel, Sand und Wasser. Nur beginnen wir nun mit dem Wasser, dann kommt der Sand, dann die Kiesel und zum Schluss die Steine."

Mit Hilfe einiger Schüler passten das Wasser, der Sand und die Kieselsteine in die Vase, aber als die großen Steine an der Reihe waren, konnten sie zu ihrer großen Überraschung nur einige davon hineinlegen. Der Meister fragte die Gruppe: „Wer möchte sagen, was er da gerade beobachtet hat?"

An dieser Stelle bietet sich die Gelegenheit, mit den Kindern ins Gespräch zu kommen: Möchte jemand von euch etwas dazu sagen?

Einer der Schüler sagte: „Wenn die großen Steine als Letztes in die Vase gelegt werden, passen sie nicht mehr alle zwischen die anderen Dinge in der Vase. Müssen die großen Steine dann nicht zuerst hinein?" Da sagte der Meister: „Wenn die Vase euer Leben darstellt, was sind dann für euch die großen Steine?" Zusammen überlegten die Schüler und kamen zu dem Schluss, dass die großen Steine die wichtigsten Dinge in ihrem Leben waren. Die Menschen, die man liebt, Familie, Freunde. Das, was man wirklich sein möchte. Das, was man wertvoll findet, was so wichtig ist, dass man als Erstes die Aufmerksamkeit und die Zeit darauf richtet. „Wenn du deine eigenen großen Lebenssteine nicht vergisst, sondern ihnen als Erstes einen Platz gibst, dann bleibt immer noch genug Platz für andere Dinge übrig", sagte der Meister.

Gesprächsleitfaden

Der Meister und die Steine

Alter 8–12 Jahre

Gehalt Verständnis und Respekt für das, was ein anderer wichtig findet.

Kernziele Jeder Schüler ist einzigartig und auf dem Weg, zu entdecken, was für ihn wichtig ist im Leben. Für andere sind andere Dinge wichtig. Die sozial-emotionale Kompetenz, dies zu erkennen, Interesse zu zeigen und Rücksicht darauf zu nehmen.

Offene Fragen Als Einstieg können Sie diese Geschichte anschaulich darstellen, indem Sie das Experiment konkret durchführen und die Kinder dadurch selbst erfahren lassen. Danach kann im Gespräch der Transfer zum eigenen Leben hergestellt werden.

[?] Was findest du wichtig? Kennst du eine Situation, in der du zunächst vor allem unwichtige Dinge tust und dann erst deine Aufmerksamkeit auf das Wichtige richtest?

[?][?] Was halten deine Mutter, dein Vater, deine Klassenkameraden für wichtig? Finden sie andere Dinge wichtiger als du? Hast du dafür Verständnis?

[?][?][?] Wie kannst du lernen, dafür Verständnis aufzubringen?

18 Die Ameise und das Weizenkorn

Nach der Ernte war ein Weizenkorn auf dem Feld liegen geblieben. Es wartete auf den Regen. Der Regen würde den ausgetrockneten Boden aufweichen, und dann könnte es hineinsinken, Wurzeln schlagen und wachsen.

Aber dort kam eine Ameise. Sie sah das Weizenkorn. Mit viel Mühe hob sie das Korn auf ihren Rücken und begann, den langen Weg zu ihrem Ameisenhaufen zurückzulaufen. Es war nicht leicht. Das Weizenkorn auf ihrem kleinen Körper schien mit der Zeit immer schwerer und schwerer zu werden. „Warum machst du dir so viel Mühe mit mir? Warum legst du mich nicht einfach hin?", fragte das Weizenkorn. Die Ameise schnaufte: „Wenn ich dich nicht mitnehme, haben wir im Winter weniger zu essen. Ich wohne mit vielen anderen Ameisen zusammen. Und darum muss jeder von uns genug Nahrung in unsere Vorratskammer tragen." „Aber ich bin nicht dafür geeignet, um einfach aufgegessen zu werden", sagte das Korn. „Ich bin ein Samen, voller Leben. Ich bin zum Wachsen da, um eine neue, große Weizenpflanze zu werden. Hör mir mal zu, und lass uns gemeinsam etwas vereinbaren."

Die Ameise war froh, dass sie sich ein wenig ausruhen konnte. Sie legte das Weizenkorn nieder und fragte: „Was möchtest du denn mit mir vereinbaren?" Das Korn sagte: "Wenn du mich hier auf dem Acker liegen lässt, anstatt mich mit in dein Nest zu tragen, dann werde ich dir 100 Weizenkörner für deine Vorratskammer schenken!" Die Ameise dachte nach. 100 Weizenkörner im Tausch für nur ein Korn? Das war ein Wunder. „Wie soll das denn gehen?", fragte sie. „Das ist ein Geheimnis", antwortete das Weizenkorn. „Das ist das Geheimnis des Lebens. Mache nun eine kleine Öffnung in den Boden, lege mich dort hinein, und komme in einem Jahr wieder."

Ein Jahr ging vorbei. Die Ameise kehrte zurück. Und das Weizenkorn? Es hatte sich an die Vereinbarung gehalten.

Gesprächsleitfaden

Die Ameise und das Weizenkorn

Alter 6–12 Jahre

Gehalt Lebensziel, Lebenskraft. Das Geheimnis von neuem Leben, das aus einem kleinen Samenkorn eine große Pflanze wachsen lässt.

Kernziele Für sich selbst sorgen. Verantwortung für andere übernehmen. Das eigene Lebensziel im Zusammenhang mit einem großen Ganzen. Die Interessen von anderen. Zusammenleben, Werte und Normen. Versprechen einhalten. Jemand anderem vertrauen.

Offene Fragen

? Was möchte die Ameise? Was möchte das Weizenkorn? Was meint das Korn mit „Das ist das Geheimnis des Lebens"?

?? Die Ameise vertraut darauf, dass das Korn sich an das Versprechen hält. Was würdest du tun? Das Weizenkorn hat sich an sein Versprechen gehalten. Weißt du, wie?

??? Versprichst du auch manchmal etwas? Und hältst du dich dann auch daran? Welche Dinge tust du hauptsächlich für dich? Und welche tust du für andere?

19 Das Schilfrohr

In Indien strömt der Fluss Ganges nach einer langen Reise in den Ozean. „Eine Sache verstehe ich nicht“, sagt der Ozean zu dem Fluss. „Wenn es stark regnet, wirst du immer stärker, größer und wilder. Dann reißt du alles mit dir mit. Sogar ganze Baumstämme! Aber ich habe noch nie gesehen, dass du Gras mit dir führst, Rispen oder Schilfrohr. Wie ist das eigentlich möglich? Sind sie dir nicht die Mühe wert? Sind sie dir zu schwach?“

Der Ganges antwortet: „Das erkläre ich dir gerne, lieber Ozean. Das Gras, die Rispen und das Schilfrohr bleiben nicht steif stehen. Sie beugen sich mit, wenn ich in großen Wellen über sie hinwegströme. Dadurch kann ich sie zwar umwerfen, aber ich kann sie nicht aus dem Boden reißen, da sie sich mitbewegen. Darum kann ich sie auch nicht mitnehmen. Sie wissen, dass ich schrecklich stark bin, und geben das auch zu, aber sie versuchen nicht, sich dagegenzustellen. Wenn ich wieder ruhiger ströme, stehen sie noch an der gleichen Stelle und wachsen einfach weiter. Mit den Bäumen verhält es sich ganz anders. Sie bleiben starr und gerade stehen, sie beugen sich den Wellen nicht. Darum kann ich nicht über sie hinwegströmen, sondern treffe sie mit voller Kraft, sodass sie brechen. Und so kommt es, dass ich die viel größeren und mächtigeren Bäume mit mir trage, das Gras und das Schilf aber stehenlasse, auch wenn es viel schwächer ist.“

„Ja, das verstehe ich“, sagt der Ozean.

Gesprächsleitfaden

Das Schilfrohr

Alter 6–12 Jahre

Gehalt Wenn dir etwas geschieht, hat es wenig Sinn, sich dagegen zu sträuben; darin mitgehen, etwas daraus machen oder verändern sehr wohl. Erkennen und Anerkennen von größeren Kräften.

Kernziele Gesunder Menschenverstand. Überleben wählen. Mitbewegen. Die eigenen Möglichkeiten und Grenzen kennen. Wissen, wo die Grenzen sind. Erkennen von Abhängigkeiten. Nachgiebigkeit als – in diesem Moment – sinnvolle eigene Wahl. Umgehen können mit Gruppendruck. Den Mut haben, anders zu denken oder zu reagieren.

Offene Fragen [?] Warum wurden die Bäume herausgerissen? Warum blieben Gras und Schilf stehen? Glaubst du, dass der Fluss auf die schwächeren Pflanzen Rücksicht genommen hat?

[?][?] Weißt du selbst, worin du (noch nicht) stark genug bist? Ist dir schon einmal etwas geschehen, das du nicht wolltest? Was hast du dann getan? Hat das geholfen? Oder hättest du besser etwas anderes tun sollen?

[?][?][?] Glaubst du, dass die Pflanzen zu schwach sind und zu wenig Widerstand bieten können? Sie entscheiden sich dafür, den Fluss über sich hinwegströmen zu lassen. Wie findest du das? Die Bäume entscheiden sich dafür, steif und gerade stehen zu bleiben. Was hältst du davon? Reagierst du manchmal so wie die Bäume? Oder wie die Pflanzen? Fällt dir für diese Geschichte eine andere Überschrift ein?

20 Der Steinmetz

Es war einmal ein Steinmetz. Genau wie an jedem anderen Tag war er bei der Arbeit in den Bergen. Noch kurz weitermachen, dann hatte er genügend Steine von dem Felsen abgeschlagen, um sie zu verkaufen. Tok – tok – tok .... Es klang beinahe wie ein Lied. Er wurde von dem Klang fröhlich und war zufrieden. Er hatte eine schöne Arbeit, genug zu essen und ein gemütliches Haus.

Am nächsten Tag arbeitete der Steinmetz bei einem reichen Mann, der ein schönes Haus und einen prächtigen Garten besaß. Ein großes Stück Felsen lag im Weg, das in Stücke geschlagen und aufgeräumt werden musste. Er schlug und schlug. Tok – tok – tok ... Er wurde langsam müde. Tok – tok – tok ... Und dann war nichts mehr zu hören. Der Steinmetz schaute zu dem Haus und dachte: „Warum muss ich eigentlich so viel arbeiten? Ich möchte auch gerne so reich sein. Ich möchte auch so ein schönes Haus mit einem wunderbaren Garten haben." „Gut", hörte er plötzlich eine Stimme sagen, „du bekommst, was du dir wünschst. Ab sofort werden alle deine Wünsche in Erfüllung gehen." Der Steinmetz ließ vor lauter Überraschung alles aus den Händen fallen. Wer hat da gerade gesprochen, und wo war er? Er verstand es nicht.

Als er nach Hause ging, sah er, dass es tatsächlich wahr geworden war. Sein eigenes Haus war nicht mehr da. Nun stand dort stattdessen ein schönes Haus mit einem wunderbaren Garten. Er war reich! „Ich brauche nicht mehr zu arbeiten!", rief er freudig. Eine Zeitlang war er sehr glücklich in seinem Haus. Dann kam an einem schönen, warmen Tag der König in seiner Kutsche vorbeigefahren. „In der Kutsche ist es sicher angenehm kühl", dachte er. „Hier im Haus ist es so warm. Ich wünschte mir, dass ich der König wäre." „So soll es geschehen", hörte er. „Dein Wunsch geht in Erfüllung."

Und da saß er dann – als König – in der Kutsche. Aber leider blieb es in der Kutsche nicht lange kühl. „Pffff ...", schnaufte er. „Wie ist das nur möglich? Kann die Sonne selbst hier drinnen so heiß scheinen? Dann will ich die Sonne sein."

Wieder wurde sein Wunsch erfüllt. Er war zur Sonne geworden und schickte seine heißen Strahlen auf die Erde. Alles ging so lange gut, bis eine dicke Wolke direkt vor ihm hängen blieb. Er wollte mit seinen Strahlen durch die Wolke hindurchscheinen, aber es gelang ihm nicht. „Kann die Wolke mich so vom Strahlen abhalten? Dann

will ich eine Wolke sein!“, wünschte er sich. Und so geschah es auch. Er wurde eine Wolke, eine Regenwolke. Nun ja, aus einer Regenwolke fällt – Regen. Er fiel in Tröpfchen auf die Erde. Auf einen Berg. Dort strömten alle Tropfen zusammen hinunter, immer weiter abwärts, bis sie zu einem großen Felsen gelangten. Der Strom des Regenwassers konnte nicht hindurch, konnte nicht unter dem Stein hindurchfließen, sondern musste ganz um den Felsen herum. „Ist dieses Stück Felsen so stark? Dann möchte ich ein Felsbrocken sein.“

Und ja, tatsächlich – nun lag er wie ein großer, mächtiger Stein, wie ein echter Felsbrocken auf dem Berg. Was war das? Tok – tok – tok … Er schaute sich um und sah einen Mann, der mit Hammer und Meißel Stücke von ihm abbrach. „Was?“, rief er, „Kann so ein kleiner Mann mich ganz in Stücke hacken? Dann will ich dieser Mann sein!“ „Dein Wunsch soll in Erfüllung gehen.“

Und so wurde er wieder ein Steinmetz und arbeitete in den Bergen.
Zufrieden sang er sein Lied.

Gesprächsleitfaden
Der Steinmetz

Alter 6–12 Jahre

Gehalt Verlangen nach dem, was ein anderer kann oder hat, kann davon ablenken, selbst glücklich zu werden. Verlangen nach Macht.

Kernziele Das Einzigartige eines jeden Menschen. Äußern von Bedürfnissen, Wünschen und Gefühlen. Umgang mit eigenen Möglichkeiten und Begrenzungen. Selbsterkenntnis, Selbstentfaltung, Selbstwertschätzung. Wertschätzen der eigenen Aufgabe innerhalb der Gemeinschaft und der von anderen.

Offene Fragen

[?] Am Anfang der Geschichte ist der Steinmetz zufrieden. Was bedeutet zufrieden sein? Bist du das auch manchmal? Oder nicht? Warum?

[?][?] Warum möchte der Steinmetz jemand anderer werden? Zum Schluss ist er wieder Steinmetz und zufrieden damit. Wie kam das? Was würdest du tun, wenn du der Steinmetz wärst?

[?][?][?] Ähnelst du manchmal selbst dem Steinmetz? In welchen Situationen? Wärst du gerne jemand anderer? Warum? Hättest du gerne eine Eigenschaft von jemandem? Warum? Freust du dich über das, was du bist, was du hast und was du kannst? Was möchte der Steinmetz eigentlich stets aufs Neue? Wäre es gut, wenn du etwas anderes könntest oder jemand anderer wärst? Warum ja? Warum nein? Kennst du Menschen, die mit dem, was sie haben oder tun, zufrieden sind? Wie findest du das? Am Anfang und am Ende der Geschichte ist der Steinmetz zufrieden. Glaubst du, dass es dabei einen Unterschied gibt? Erkennst du etwas von dem Steinmetz in dir selbst?

21 Die zwei Heuschrecken

An einem schönen, sonnigen Tag sprang eine große Heuschrecke mit einem Satz auf eine Lichtung im Wald. Sie war mit dem warmen Wind weit aus einem anderen Land hergekommen. Sie schaute sich ein wenig um und ruhte sich von der langen Reise aus.

Da sah sie ein kleines Stückchen weiter weg eine andere Heuschrecke im Gras. Eine kleinere. Sie war neugierig und wollte sie gerne kennenlernen. Die große und die kleine Heuschrecke sahen sich an und dachten beide: „Vielleicht können wir miteinander spielen?" Die große Heuschrecke sprang mit einem mächtigen Satz bis knapp vor die kleine Heuschrecke und sagte in ihrer eigenen Sprache: „Hallo, ich möchte gerne mit dir spielen." Die kleine Heuschrecke erschrak fürchterlich, als die große Heuschrecke so nah bei ihr stand. Und dann zirpte sie auch noch so, dass sie es nicht verstehen konnte.

„Geh weg", sagte sie, verärgert vor lauter Schreck. „Na, hör mal!", sagte die große Heuschrecke. „Da komme ich ganz freundlich zu dir und will mit dir spielen, und du bist gleich böse. Du bist aber seltsam." Die kleine Heuschrecke verstand wieder kein Wort, merkte aber, dass die große Heuschrecke nun auch böse war. So wurden nun beide immer wütender und begannen, sich gegenseitig mit ihren Vorderpfoten zu schubsen. Es wurde immer schlimmer.

Zum Glück kam gerade eine alte Heuschrecke vorbei, die in vielen Ländern gelebt hatte und darum beide Heuschrecken verstehen konnte. „Was ist denn hier los?", fragte sie die kleine Heuschrecke. „Ich möchte eigentlich nur mit ihr spielen." „Und was möchtest du?", fragte sie die große Heuschrecke. „Ich habe nur gefragt, ob sie mit mir spielen will." „Nun, dann weiß ich ja, was ihr gleich tun werdet. Denn eigentlich wollt ihr ja beide das Gleiche. Spielen!"

22 Vier Worte

Auf einem bunten Jahrmarkt in einer Hafenstadt am Meer liefen vier Kinder aus verschiedenen Ländern umher und bettelten mit ausgestreckten Händen. Eine Frau kam vorbei, die ihnen gerne etwas geben wollte, aber sie hatte nur ein einziges Geldstück. „Das ist für euch", sagte sie. „Kauft euch gemeinsam etwas davon."

Eines der Kinder sagte: „Ich kaufe von dem Geld etwas ANGUR." „Nein", sagte sogleich eines der anderen Kinder. „Ich möchte davon INAB kaufen." „Absolut nicht", rief das dritte Kind. „Ich will kein ANGUR, ich will kein INAB, ich will UZÜM!" „Ich will STAFI", meckerte das letzte Kind. Es blieb nicht bei Meckern, es wurde geschimpft, dann geschlagen und gestoßen. Es hörte nicht auf. Zufällig kam die Frau auf ihrem Weg nach Hause wieder vorbei. Sie konnte viele Sprachen sprechen, und so hörte sie, wie das eine Kind persisch, das zweite arabisch, das dritte türkisch und das vierte Kind griechisch sprach. Nun ja, von Sprechen konnte inzwischen keine Rede mehr sein – es wurde geschrien. Die Frau sah, dass die Kinder vor lauter Streit noch nicht einmal bemerkt hatten, dass das Geldstück auf den Boden gefallen war. Sie nahm das Geld, ging weg und kam kurz darauf wieder zurück. Sie nahm die Streithähne auseinander und sagte zu ihnen: „Wisst ihr eigentlich, dass ihr alle in eurer eigenen Sprache das Gleiche meint? Trauben! Hier, ich habe sie für euch gekauft. Lasst sie euch schmecken!"

Gesprächsleitfaden

Die zwei Heuschrecken
Vier Worte

Alter Geschichte 21: Die zwei Heuschrecken, 6 – 8 Jahre
Geschichte 22: Vier Worte, 8 – 12 Jahre

Gehalt Der Wert von Einsicht, Kenntnis über andere. Vorurteile.
Die Rolle von jemandem, der versteht, wie das Missverständnis entstanden ist, und helfen kann, es aufzulösen.

Kernziele Entstehen von Konflikten und Lösungsmöglichkeiten.
Freundschaft und Streit, Ursachen und Lösungen.

Offene Fragen

Die zwei Heuschrecken

[?] Wodurch kam es zu dem Streit zwischen den beiden Heuschrecken? Was wäre geschehen, wenn die alte Heuschrecke nicht gekommen wäre?

[?][?] Hast du auch schon einmal Streit gehabt, der eigentlich überflüssig war? Wie kam es dazu? Wie hat sich alles wieder aufgelöst?

[?][?][?] Wie machst du einen Streit wieder gut?
Hat dir jemand schon einmal dabei geholfen? Glaubst du, dass die alte Heuschrecke Recht hat? Werden die kleine und die große Heuschrecke gleich miteinander spielen?

Offene Fragen

Vier Worte

[?] Wie hat der Streit zwischen den Kindern eigentlich angefangen? Warum wurde es immer schlimmer? Was wäre vielleicht geschehen, wenn die Frau nicht zurückgekommen wäre?

[?][?] Wie kann man sich gegenseitig etwas erzählen, wenn man nicht die gleiche Sprache spricht? Hast du auch manchmal Streit, der eigentlich nicht sein müsste? Wie kommt es dazu? Wie kannst du es wiedergutmachen? Brauchst du manchmal die Hilfe eines anderen, um es wiedergutzumachen?

[?][?][?] Was glaubst du, was die Kinder mit den Trauben machen?

23 Die Glücksnuss

„Weißt du, was ich gehört habe?", fragte ein Eichhörnchen ein anderes. „Was hast du denn gehört?" „Nun, ich saß auf einem Baum, in dem die Eulen ihre Jahresversammlung abhalten, und da hörte ich, wie eine Eule sagte: ‚Es gibt eine Nuss, eine ganz besondere Nuss. Wenn man diese Nuss findet, wird man glücklich.'"

„Ach, ja? Und was erzählte die Eule noch darüber?" Das Eichhörnchen antwortete: „Wenn du diese Nuss findest, weißt du genau, dass es die richtige ist, denn sie ist anders, fühlt sich anders an, ist wärmer als alle anderen Nüsse." „Sagte die Eule noch etwas?" „Ja, sie sagte noch, dass man die Nuss gut aufheben muss. Mehr habe ich nicht gehört."

Das eine Eichhörnchen vergaß die Geschichte bald wieder, aber das andere Eichhörnchen musste die ganze Zeit daran denken. Was wäre, wenn es stimmte? Stell dir vor, dass du, wenn du diese eine spezielle Nuss findest, damit auch dein Glück gefunden hast! Dann hättest du keine Sorgen mehr. Es dachte sich einen Plan aus.

Ich sammle alle Nüsse in diesem Wald. Die Bucheckern, die Haselnüsse, die Esskastanien und all die anderen Nüsse. Ich halte sie alle kurz fest, um zu fühlen, ob sie warm sind, und dann werfe ich sie auf einen Haufen, damit ich weiß, welche ich schon in der Hand hatte. Gesagt, getan.

Das Eichhörnchen sammelte und sammelte, hielt die Nüsse kurz fest, fühlte, ob sie wärmer waren als die anderen, und warf sie dann auf einen Haufen. Es sammelte und fühlte, sammelte und fühlte. Der Stapel mit Nüssen, die es schon in Händen gehalten hatte, wurde immer höher und höher. Der Tag ging vorbei, viele Tage gingen vorüber. Das Eichhörnchen dachte an nichts anderes mehr, machte nichts anderes mehr als sammeln und fühlen.

Es vergaß seine Freunde, vergaß zu essen, vergaß alles, was jemals wichtig gewesen war. Und eines Tages vergaß es, zu fühlen.

Und gerade an diesem Tag hob es eine Nuss auf, die wärmer war! Es warf die Nuss einfach auf den großen Haufen zu den anderen Nüssen.

24 Der Fühlstein

In einem sehr alten Buch entdeckte ein Mann eine Geschichte über einen Stein – keinen gewöhnlichen Stein, sondern einen ganz besonderen Stein. Es hieß, man könnte alles, aber auch wirklich alles, was man damit berührt, in Gold verwandeln. In dem Buch stand, dass der Stein am Strand eines großen Sees zu finden sei. Ein Strand voller Steine, Millionen Kieselsteine. Ebenso stand darin, dass man wissen würde, wenn man ihn gefunden hat, denn der Stein war warm, wärmer als alle anderen Steine. Wenn man ihn in Händen hält, wird man selbst ganz warm.

Nachdem der Mann die Geschichte gelesen hatte, konnte er an nichts anderes mehr denken als an den Stein, und machte sich auf den Weg zu dem See, um ihn zu suchen. Er setzte sich an den Strand und hob einen Stein nach dem anderen auf, hielt ihn kurz in seiner Hand, um zu fühlen, ob er warm war, und warf ihn dann in den See. So wusste er, dass er diesen Stein nicht noch einmal aufheben würde.

Inzwischen malte er sich aus, was er alles machen und haben könnte, wenn der Stein endlich in seinem Besitz war. Er sah schon vor sich, wie sich alles in Gold verwandeln würde. Wie glücklich wäre er dann! Er hob auf, fühlte, hob auf, fühlte – Tage, Wochen, Monate lang. Er vergaß alles um sich herum, alles, was jemals wichtig für ihn gewesen war: Seine Frau, seine Kinder, seine Freunde, seine Arbeit. Er vergaß alles, was ihn jemals glücklich gemacht hatte.

Und eines Tages vergaß er, zu fühlen. Er hob einen Stein auf, einen warmen Stein, hielt ihn in seiner Hand – und warf ihn einfach wieder in den See.

Gesprächsleitfaden

Die Glücksnuss
Der Fühlstein

Alter Geschichte 23: Die Glücksnuss, 6 – 8 Jahre
Geschichte 24: Der Fühlstein, 8 – 12 Jahre

Gehalt Gewohnheiten, wodurch dir etwas entgeht, du etwas nicht wahrnimmst.

Kernziele Wenn du dich selbst entdeckst und kennenlernst, gehört auch dazu, dass du weißt, was dich glücklich macht.

Offene Fragen

Die Glücksnuss

[?] Was geschieht eigentlich in dieser Geschichte? Wie kommt es, dass das Eichhörnchen genau die eine warme Nuss wegwirft?

[?][?] Wenn das Eichhörnchen diese Nuss nicht weggeworfen hätte, wäre es dann glücklich geworden? Warum?

[?][?][?] Kann das Eichhörnchen, das nicht auf die Suche ging, nicht glücklich werden? Kannst du sagen, was für dich Glück ist?

Offene Fragen

Der Fühlstein

[?] Der Mann warf den warmen Stein ins Meer. Wie konnte das geschehen? Wäre der Mann glücklich geworden, wenn er den Stein nicht ins Wasser geworfen hätte? Was glaubst du?

[?][?] Ist Glück für dich etwas Großes oder etwas Kleines? Oder ein Moment, eine Erinnerung? Kannst du etwas darüber erzählen?

[?][?][?] Kannst du andere glücklich machen? Wenn ja, wie? Ist Glück für jeden etwas anderes? Was ist damit gemeint: „Ein Stein, der alles in Gold verwandeln kann."

25 Der Vogel

Eines Tages sahen die Menschen eines fernen Landes einen prächtigen Vogel. Seine Kopffedern waren tiefblau, seine Flügel leuchtend rot. Er sang wie eine Nachtigall, konnte fliegen wie ein Paradiesvogel und hatte die schönen Augen eines Kolibris. Jeder sah, dass es ein außergewöhnlicher Vogel war. Der König bemerkte dies auch und wollte den Vogel haben. Er gab seinen Männern den Befehl, den Vogel zu fangen, aber behutsam zu sein, sodass ihm nichts geschah. Einer der Männer kletterte nachts ganz vorsichtig auf den Baum, auf dem der Vogel schlief, und fing ihn. Der König freute sich sehr und behandelte den gefangenen Vogel so, wie er selbst gerne behandelt werden möchte. Er gab ihm alles, was man sich nur denken konnte. Sein Käfig war aus purem Gold und feinem Silber. Musikanten spielten für ihn. Tänzerinnen tanzten für ihn. Dichter trugen Gedichte vor. Erzähler erzählten dem Vogel Geschichten. Der König ließ das schmackhafteste Essen für den Vogel zubereiten: gebratenes Huhn, leckeren Reis, herrlich duftenden Tee. Aber der Vogel aß nichts. Er schaute den Tänzerinnen nicht zu. Er lauschte den Erzählern und Dichtern nicht. Er wollte keine Musik hören. Seine tiefblauen Federn verloren ihre Farbe. Seine leuchtend roten Flügel verblichen. In seinem kleinen Käfig konnte der Vogel nicht fliegen wie ein Paradiesvogel. Er hatte keine Lust mehr, wie eine Nachtigall zu singen. Seine Augen glichen den Augen eines todkranken Spatzes.

Nach drei Tagen starb der Vogel. Der König war untröstlich. Er verstand nicht, warum der Vogel gestorben war. „Ich habe ihn doch genauso behandelt, wie ich selbst gerne behandelt werden möchte. Ich habe ihm alles gegeben, was ich selbst haben möchte", dachte er. „Und trotzdem war es nicht gut für den Vogel?"

Gesprächsleitfaden

Der Vogel

Alter 6–12 Jahre

Gehalt Die Freiheit, man selbst zu sein. Respekt vor verschiedenen Lebensformen, Kulturen und Bedürfnissen.

Kernziele Für die eigene körperliche und geistige Gesundheit sorgen und für die der anderen. Anderen ihre Freiheit lassen.

Offene Fragen

? Der König sagt: „Und trotzdem war es nicht gut für den Vogel?" Weißt du, warum? Warum wollte der König den Vogel haben?

?? Möchtest du auch manchmal etwas unbedingt haben? Was zum Beispiel? Warum fühlt sich der Vogel in dem Käfig nicht wohl? Hast du dich auch schon einmal so gefühlt? Wie war das? Ist es gut ausgegangen?

??? Der König gibt dem Vogel, was er selbst gut und angenehm findet. An wen denkt er dabei am meisten? An sich selbst oder an den Vogel? Was denkst du darüber? Was hätte der Vogel denn wahrscheinlich gerne? Was ist eigentlich gut für den König? Hast du schon einmal erlebt, dass jemand sich für dich überlegt hat, was du gut finden würdest? Wie war das für dich? Hast du schon einmal erlebt, dass hier in unserem Land für Menschen aus anderen Ländern entschieden wird, was für sie gut ist oder wie sie sein sollen?

26 Julias Haustier

Bei Julia zu Hause gibt es keine Haustiere – keinen Hund, keine Katze, kein Kaninchen, kein Huhn ... Nicht weil Julia es nicht will, sondern weil es einfach nicht geht. „Wirklich nicht?", hat sie schon so oft gefragt. „Nein, wirklich nicht!", bekommt sie dann als Antwort. Und darum spielt und spricht Julia mit den Tieren, die ihr begegnen: mit den Vögeln, manchmal mit einem Igel oder mit all den kleinen fliegenden oder kriechenden Tieren. Heute hat sie ein ganz besonderes Tier gefunden: einen großen Maikäfer! Er sitzt auf ihrer Hand. Es kitzelt ein wenig, aber Julia findet es nicht schlimm. Gleich muss sie ihn wieder in das Gebüsch zurücksetzen, wo sie ihn gefunden hat. Muss das sein? Oder nicht? „Willst du mein Haustier sein?", fragt sie und glaubt, dass der Maikäfer mit seinem Kopf zustimmend nickt. Und darum legt Julia ihn in eine kleine Schachtel, die sie mit in ihr Schlafzimmer nimmt und dort unter dem Bett versteckt.

Der Käfer sitzt nun dort die ganze Nacht und auch noch den ganzen nächsten Tag, da Julia in die Schule muss. Als sie nach Hause kommt, geht sie gleich in ihr Zimmer, um nach dem Käfer zu schauen. Aber da erschrickt sie. Die Fühler des Maikäfers, die einst so schön aufrecht standen, hängen nun herab. Er sieht nicht gut aus. „Möchtest du nicht in der Schachtel wohnen?", fragt Julia. „Möchtest du lieber kein Haustier sein?" Der Käfer reagiert nicht. „Ich bringe dich wieder hinaus." Im Garten öffnet sie die Schachtel und sagt: „Komm, du darfst wieder hinaus." Der Käfer rührt sich nicht. „Du brauchst nicht mehr in der Schachtel zu bleiben, ich weiß, dass du kein Haustier bist."

Nun krabbelt der Maikäfer eine kleine Runde durch die Schachtel, aber er klettert nicht hinaus. „Warum kommst du nicht heraus? Glaubst du, dass du es nicht kannst? Weißt du nicht mehr, dass du fliegen kannst?", fragt Julia. „Soll ich dich rausholen?" Der Käfer sagt nichts. Darum hält Julia ihren Finger in die Schachtel. Der Käfer klettert auf den Finger. „Du bist so ein schöner Käfer", sagt Julia nun. „Ein Maikäfer! Du kannst sehr gut fliegen. Und nun bist du frei! Frei, um zu fliegen, wohin du willst. Flieg!"

An dieser Stelle bietet sich die Gelegenheit, mit den Kindern ins Gespräch zu kommen: Wie könnte die Geschichte weitergehen?

Und nun breitet der Käfer seine Flügel aus und fliegt davon.

27 Der Adler

Hoch oben in den Bergen fand ein Mann einen jungen Adler. Er saß dicht bei einem verlassenen Nest. Der Mann wartete in einem sicheren Abstand, ob die alten Adler vielleicht mit Futter für ihr Junges zurückkommen würden, aber das geschah nicht. Auch am folgenden Tag nicht. Der kleine Adler wurde vor lauter Hunger immer schwächer, und so beschloss der Mann, ihn mit nach Hause zu nehmen. Dort setzte er den Vogel zu den Hühnern in den Stall und gab ihm Hühnerfutter.

Fünf Jahre später kam ein Naturwissenschaftler, ein Biologe, zu Besuch. Während sie am Hühnerstall entlang durch den Garten liefen, sagte er plötzlich: „Der Vogel dort, das ist ein Adler, kein Huhn." „Ja, das ist so", sagte der Mann, „aber er ist hier zwischen den Hühnern aufgewachsen. Er ist nun ein Huhn, kein Adler mehr." „Ein Adler bleibt ein Adler", sagte der Biologe. „Ich werde es dir zeigen." Er nahm den Adler auf seinen Arm und sagte: „Breite deine Flügel aus, und fliege!" Aber der Adler schaute zu den Hühnern, die nach Körnern pickten, sprang vom Arm ab, landete auf dem Boden und begann, zu fressen.

Der Mann sagte: „Ich habe es dir doch gesagt! Er ist ein Huhn geworden." „Nein", sagte der Naturwissenschaftler, „er ist ein Adler, und ich werde es dir beweisen." Am nächsten Tag nahm er den Adler mit auf das Dach seines Hauses und sagte: „Du bist ein Adler. Du gehörst hoch in die Luft. Breite deine Flügel aus, und fliege!" Aber wiederum sprang der Adler, als er die Hühner picken sah, auf den Boden und begann, zu fressen. Der Mann sagte: „Ich sage es dir nun noch ein letztes Mal: Das ist ein Huhn!" „Nein, das ist ein Adler. Er hat noch immer das Herz eines Adlers. Gib ihm noch eine einzige Chance!" Am nächsten Tag ging er mit dem Adler hinauf auf einen hohen Berg. Dort hob er ihn hoch und sagte: „Du hast die Flügel eines Adlers. Du hast das Herz eines Adlers. Du bist ein Adler. Du kannst hoch in die Luft fliegen. Du bist frei. Breite deine Flügel aus, und fliege. Flieg, so wie nur ein mächtiger Adler fliegen kann. Flieg!"

An dieser Stelle bietet sich die Gelegenheit, mit den Kindern ins Gespräch zu kommen: Wie könnte die Geschichte weitergehen?

Und dann breitete der Adler seine enormen Flügel aus, flog mit einem Schrei hoch, kreiste höher und höher in der Luft und kam nie mehr zurück.

Gesprächsleitfaden

Julias Haustier
Der Adler

Alter Geschichte 26: Julias Haustier, 6 – 8 Jahre
Geschichte 27: Der Adler, 8 – 12 Jahre

Gehalt Auch wenn es so scheint, dass alles gegen dich ist, so kannst du doch zu dem werden, was du bist. Erst recht, wenn jemand an dich glaubt.

Kernziele Sein, wer du bist. Jemand anderen so lassen, wie er ist.
Hilfe annehmen können und wollen.

Offene Fragen — Julias Haustier

[?] Will der Maikäfer wirklich ein Haustier werden? Was glaubst du? Warum? Julia glaubt, dass es so ist. Wie kommt sie darauf? Warum lässt der Käfer seine Fühler hängen? Wie fühlt er sich?

[?][?] Hast du dich auch schon einmal so gefühlt? Warum kommt der Maikäfer am Anfang nicht aus der Schachtel? Und warum dann schließlich doch? Wie kommt es, dass er auf einmal wieder fliegen kann?

[?][?][?] Hast du auch schon einmal geglaubt, dass du etwas nicht kannst, was dann doch gelungen ist? Was hat dir dabei geholfen?

Offene Fragen — Der Adler

[?] War es richtig, dass der Mann den Adler in den Hühnerstall gesetzt hat? Wie findest du das? Was hätte er anders machen können? Hatte er Recht mit der Aussage, dass der Adler nun ein Huhn geworden ist?

[?][?] Hast du dich auch schon einmal wie der Adler in der Ecke gefühlt? Ging es vorüber? Was hat dir dabei geholfen? Warum flog der Adler nicht sofort weg? Wieso ist er dann später doch geflogen?

[?][?][?] Kann es sein, das es hilfreich war, dass der Wissenschaftler fest daran glaubte, dass er wieder wie ein echter Adler fliegen kann? Hat es dir auch schon einmal geholfen, dass jemand fest an dich geglaubt hat?

28 Die drei Fragen des Pferdes

Ein Pferd lebte einmal auf einer riesigen Grasebene in einer Gruppe von Wildpferden. Sie hatten viel Gras zum Fressen und genug Wasser zum Trinken. Eigentlich gab es nichts, was man sich mehr wünschen könnte. Und doch – dem Pferd fehlte etwas. Es hatte auf drei wichtige Fragen keine Antwort. Fragen, deren Antworten ihm etwas darüber erzählen konnten, was gut ist, warum es lebte und was wichtig ist. Aber wozu?

„Was muss ich tun? Mit wem? Wann?", so grübelte das Pferd. Es fragte die alten Pferde, die Stuten und ihre Fohlen, aber ihre Antworten halfen ihm nicht weiter. Ganz in Gedanken versunken, entfernte es sich von der Herde, bis es auf einmal alleine war. Und da – in der Ferne sah es ein sehr altes Pferd. Es galoppierte zu ihm. Als es näher kam, sah es, dass das alte Pferd nicht alleine war. Ein ganz junges Fohlen lag auf dem Boden. Ein ganz müdes, verirrtes, durstiges und hungriges, kleines Fohlen.

„Hallo", sagte das Pferd zu dem alten Pferd. „Du bist schon so alt, du weißt sicher eine Antwort auf die drei wichtigsten Fragen in meinem Leben: Was muss ich tun? Mit wem? Wann?" „Sollen wir zunächst diesem Kleinen hier helfen?", fragte das alte Pferd. „Ja, natürlich", sagte das Pferd und beugte sich zu dem Fohlen, um es aufzumuntern. Zusammen halfen sie ihm, aufzustehen. Das Pferd führte es zurück zu der Herde und seiner Mutter, wo es sogleich trinken konnte. Dann lief es zurück zu dem alten Pferd. „Kannst du mir nun meine Fragen beantworten?" „Du hast dir die Antworten gerade selbst gegeben: Was muss ich tun? Das, was nötig ist. Das Fohlen brauchte deine Hilfe. Mit wem? Mit dem, der anwesend ist. Wann? In dem Moment, in dem du etwas tun kannst."

Das Pferd war einen Moment still, dann wieherte es, verbeugte sein Haupt vor dem alten Pferd und trabte zu seiner Herde zurück.

29 Drei Lebensfragen

Vor langer Zeit lebte einmal in Russland ein Zar, der alles besaß, was ein Mensch sich nur wünschen konnte, aber er wusste nicht, wofür er lebte. Was wird wohl in diesem Leben von ihm erwartet? Drei Fragen quälten ihn, drei Fragen über den Sinn seines Lebens: „Was muss ich tun? Mit wem? Wann?" Nachdem er alle Weisen und Gelehrten vergeblich um Rat gefragt hatte, hörte er von einem Bauern irgendwo weit weg, der ihm vielleicht eine Antwort geben könnte.

Der Zar machte sich sogleich auf den Weg, und nach vielen Wochen kam er in das Land des Bauern. Dieser schaute kaum auf, als der Zar seine Fragen stellte. Er gab keine Antwort, sondern pflügte einfach weiter. Der Zar wurde ärgerlich und sagte: „Weißt du eigentlich, wen du vor dir hast? Ich bin der Zar von Russland!"
Aber auch das machte keinen Eindruck auf den Bauern, der seine Arbeit in Ruhe weiter verrichtete. Da kam aus dem Wald ein schwer verwundeter Mann auf das Feld gewankt. Vor dem Pflug fiel er nieder. Der Bauer sagte zu dem Zaren: „Kannst du mir helfen, diesen Mann in meine Hütte zu tragen?" „Ich werde dir helfen", antwortete der Zar. „Aber gibst du mir dann eine Antwort auf meine Fragen?" „Nachher", sagte der Bauer, und zusammen trugen sie den Mann hinein und versorgten seine Wunden.

„Sagst du es mir jetzt?", fragte der Zar. „Du kannst nach Hause gehen", sagte der Bauer. „Du hast dir selbst die Antworten auf deine Frage gegeben: Was muss ich tun? Das, was auf meinen Weg kommt. Mit wem muss ich es tun? Mit denen, die anwesend sind. Du hast zusammen mit mir dem verwundeten Mann geholfen. Wann muss ich es tun? In dem Moment selbst!"

Gesprächsleitfaden

Die drei Fragen des Pferdes
Drei Lebensfragen

Alter Geschichte 28: Die drei Fragen des Pferdes, 6 – 8 Jahre
Geschichte 29: Drei Lebensfragen, 8 – 12 Jahre

Gehalt Zweifel. Was ist der Sinn des Lebens? Jeder Moment kann sinnvoll gestaltet werden, wenn getan wird, was im Moment nötig ist. Sorgen, sich kümmern. Respekt vor der Einsicht und Weisheit eines anderen. Gleichwertigkeit.

Kernziele Meine Einzigartigkeit mit meinen eigenen Möglichkeiten und Begrenzungen. Achtsamkeit im Umgang mit sich selbst und anderen. Gefühle äußern können. Etwas von einem anderen annehmen. Anderen helfen.

Offene Fragen

Die drei Fragen des Pferdes

? Was hat dem Pferd eigentlich gefehlt? Worüber hat das Pferd die ganze Zeit nachgedacht? Nachdem sie dem Fohlen geholfen haben, sagt das alte Pferd: „Du hast dir nun selbst die Antworten gegeben." Was meint es damit?

?? Weißt du manchmal auch nicht so ganz, was du tun musst? Mit wem, warum und wann? Könnte die Antwort des alten Pferdes dir auch helfen?

??? Glaubst du, dass das Pferd nun weiß, was in seinem Leben wirklich wichtig ist?

Offene Fragen

Drei Lebensfragen

? Worüber grübelte der Zar die ganze Zeit? Kannst du mit deinen eigenen Worten eine Antwort auf die Fragen des Zaren geben?

?? Stell dir die Fragen einmal selbst: Was muss ich tun? Mit wem? Wann? Hast du selbst schon einmal gedacht: „Das mache ich irgendwann einmal, aber jetzt noch nicht." Und denkst du dann vielleicht: „Hätte ich es besser gleich getan." Warum hat der Bauer zunächst nicht auf die Fragen des Zaren reagiert? Warum dann später doch? Was brauchte der verwundete Mann? Bekam er von dem Zaren und dem Bauern, was er brauchte?

??? In der Geschichte steht nicht, wie der Zar auf die Antworten des Bauern reagiert hat. Was glaubst du?

30 Opa Ameise und Miri

Auf einem kleinen Waldweg lief Opa Ameise. Vor ihm lief sein Enkelsohn Miri von links nach rechts, ab und zu vor ihm her und dann wieder hinter ihm. Er schnüffelte hier und da an einer Stelle, fühlte kurz an etwas und scharrte ein wenig auf dem Weg. Warum tat er das? Nun, es war so: Er wohnte mit seinem Opa, seiner Oma und allen anderen der Familie Ameise in einem Ameisenhaufen, der ihnen zu klein geworden war. Daher musste jemand nach einem anderen geeigneten Platz für einen neuen Haufen suchen. Und dieser jemand war Opa. Er war der Älteste von allen und kannte viele gute Plätze. Miri wollte gerne mitkommen. So liefen sie gemeinsam durch den Wald.

Plötzlich sagte Miri: „Opa, hier ist eine gute Stelle. Ich rieche es, ich fühle es, und man kann hier gut graben!" Opa sagte: „Ist das nicht ein wenig zu nah an dem Weg, Miri?" „Nein", sagte Miri. „Es ist eine sehr gute Stelle. Man kann hier sehr gut die Sachen, die wir brauchen, über den Weg ziehen." Er grub bereits eine Mulde. Opa ruhte sich von der Wanderung noch etwas aus.

Plötzlich bebte die Erde unter ihren Füßen. Schritt – Schritt – Schritt. Etwas Großes erschien. Ein Mensch! Und dieser Mensch trat mit seinen großen Füßen mitten auf den neuen Ameisenhaufen! Miri stand starr vor Schreck da. Dann wurde er wütend. Er schrie. Aber ein Mensch kann einen Ameisenschrei nun einmal nicht hören. Er lief einfach weiter! „Ich fange einfach wieder von vorne an, Opa", sagte Miri und begann, wieder an der gleichen Stelle zu graben.

„Es kann sein, dass noch mehr Menschen kommen", sagte Opa. „Nein", sagte Miri, „das glaube ich nicht. Das ist so eine schöne Stelle. Schau nur, wie gut alles passt." „Ja, das schon", sagte Opa, „aber …" Miri hörte es nicht. Er war viel zu beschäftigt. So sehr, dass er nicht bemerkte, dass sich wieder Menschen näherten. Opa konnte ihn gerade noch rechtzeitig vor ein paar Kinderfüßen in Sicherheit bringen. Ameisen können nicht weiß vor Schreck werden, sonst wäre Miri jetzt eine weiße Ameise gewesen. Er wollte schon wegen des Kindes anfangen, zu schimpfen, sah aber auch ein, dass es den Ameisenhaufen vielleicht überhaupt nicht gesehen hatte. Er zögerte kurz. Dann sagte er: „Opa, ich glaube, dass wir den neuen Haufen besser ein Stückchen weiter in den Wald hinein bauen." „Das ist eine gute Idee, Miri", sagte Opa, und gemeinsam begannen sie mit der Arbeit für ein neues Heim der Familie Ameise.

31 Der Gärtner

Ein Gärtner hatte den Auftrag bekommen, einen umzäunten Garten zu versorgen. Er sagte zu dem Besitzer: „Wenn das Wasser des Baches außerhalb des Zaunes steigt und die Gemüsebeete und Blumenfelder überströmt, werde ich versuchen, das Wasser innerhalb des Gartens zurückzuhalten. Aber du kannst von mir nicht erwarten, dass ich außerhalb dieses Gartens versuche, etwas zu tun." Der Besitzer schwieg.

Es wurde 3-mal Frühling. Jedes Mal strömte viel Wasser durch den Bach. Zu viel. Er trat über seine Ufer, floss über das Land und über den Garten und vernichtete alles, was sich ihm in den Weg stellte. Und nun wurde es wieder Frühling. Schweißtropfen flossen über das Gesicht des Gärtners, als er mit Bergen voller Sand versuchte, das Wasser außerhalb des Gartens zu halten, aber es strömte von allen Seiten herein. Es hatte keinen Sinn, was er auch tat. Die Samen, die Pflanzen und die Blumen würden vernichtet werden. So war es schon in den drei Jahren zuvor geschehen. Aber nun nahm er einen Spaten und eine Schaufel und ging zur Gartenpforte. „Wo gehst du hin? Du willst doch nicht außerhalb des Gartens arbeiten", sagte der Besitzer, der sich all die Zeit nicht um den Garten gekümmert hatte. „Ja, das habe ich gesagt. Aber nun gehe ich auf das Feld außerhalb des Gartens. Wenn ich mit Sand auch noch so hohe Schutzmauern innerhalb des Gartens mache – das Wasser lässt sich doch nicht aufhalten. Aber dort, wo der Bach entspringt, kann ich einen Damm bauen und so die Überschwemmungen verhindern."

Der Besitzer lächelte.

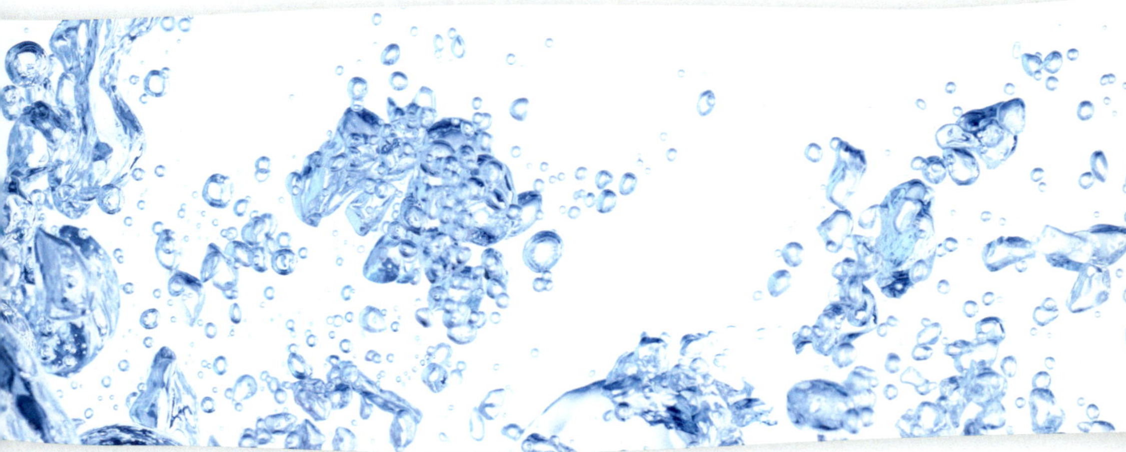

Gesprächsleitfaden

Opa Ameise und Miri
Der Gärtner

Alter Geschichte 30: Opa Ameise und Miri, 6 – 8 Jahre
Geschichte 31: Der Gärtner, 8 – 12 Jahre

Gehalt Der einfachste Weg ist nicht immer der beste. Immer das Gleiche denken und unbeweglich sein steht dem Finden von Lösungen oft im Weg.

Kernziele Sich für sich selbst und andere verantwortlich fühlen. Den Mut haben, aus Fehlern zu lernen. Dickköpfigkeit und Trotz können dem Finden von Lösungen im Weg sein. Seine Meinung verändern können, wollen, dürfen. Das Übel an seinen Wurzeln packen und nicht nur die Folgen bekämpfen.

Offene Fragen

Opa Ameise und Miri

[?] Warum gingen Opa und Miri auf die Suche nach einer guten Stelle für einen Ameisenhaufen? Warum wollte Miri den Ameisenhaufen so nahe am Weg anlegen? Opa sagte nichts, aber er fand es keine gute Idee. Warum? Musste Miri wegen Opa den Haufen etwas weiter im Wald machen? Was hat Miri gelernt?

[?][?] Hast du auch schon einmal etwas daraus gelernt, wenn es nicht gelungen war? Wie war das?
Hast du auch schon einmal etwas öfter getan, bis du schließlich gemerkt hast, dass es so nicht geht? Was hast du dann getan?

Offene Fragen

Der Gärtner

[?] Der Gärtner hat für den Besitzer des Gartens gearbeitet. Warum wollte er nicht außerhalb des Gartens arbeiten? Findest du, dass er Recht hat?

[?][?] Ist es schön, so zu arbeiten? Der Besitzer des Gartens hat nicht gesagt: „Du musst das Problem außerhalb des Gartens lösen." Warum wohl? Warum hat der Gärtner zugelassen, dass das Wasser den Garten 3-mal verwüstet hat? Wie kam es, dass er das Problem im vierten Frühling außerhalb des Gartens lösen wollte? Der Besitzer sagte nicht: „Siehst du, ich habe es dir ja gleich gesagt", sondern lächelte.

[?][?][?] Hast du auch schon manchmal hintereinander das Gleiche falsch gemacht, bevor du erkannt hast, dass du es besser anders machen solltest? Was war das? Wie war das? Was dachtest du hinterher?

32 Der Maulwurf und die Maus

Unter der Erde wohnten zwei Familien: Familie Maus und Familie Maulwurf. In beiden Familien waren gerade Kinder geboren worden, und die Kleinen mussten natürlich etwas zu essen haben. Die Väter und Mütter hatten nun viel Arbeit. Papa und Mama Maulwurf gruben sich auf der Suche nach Regenwürmern, Schnecken und anderen kleinen Häppchen durch die unterirdischen Gänge. Papa und Mama Maus suchten das Futter für die jungen Mäuse oberhalb der Erde: Samen auf den Feldern und Reste von Brot, Kuchen und Käse in den Häusern der Menschen.

Eines Tages begegneten sich Papa Maus und Papa Maulwurf in einem Gang. Papa Maus erzählte von den Feldern, auf denen es reichlich Samen und Blumen gab, und von den kleinen Tieren, die dort wohnten. ‚Mmmh …', dachte Herr Maulwurf, ‚leckere Häppchen.' Papa Maus erzählte auch von dem Haus, über die Menschen, über den Hund, der sehr nett war, und über die Katze, vor der er schreckliche Angst hatte. Als Papa Maulwurf wieder zu Hause war, erzählte er seiner Frau und seinen Kindern von dieser anderen Welt, der Welt über dem Erdboden. „Ich glaube, dass ich dort auch einmal hingehe", sagte er.

Gesagt, getan. Am nächsten Morgen machte sich Herr Maulwurf auf den Weg. Er lief ganz bis zum Ende des Ganges und begann, über seinem Kopf zu graben, bis es schließlich ganz hell wurde. Er war auf einem großen Maulwurfshügel angekommen. Und was sah er dort? Nichts! Nun ja, beinahe nichts, denn Maulwurfsaugen sind an das Dunkle gewöhnt und können bei hellem Licht nicht viel sehen. Papa Maulwurf kroch schnell wieder zurück in den Gang und lief in seine Höhle.

„Es ist nichts über der Erde", sagte er zur Mutter und den Kleinen. „Nur ganz viel Licht. Papa Maus hat sich sicher alles ausgedacht." „Hört gut auf euren Vater, denn er weiß es genau", sagte Mama Maulwurf.

33 Die weise Henne

Überall auf den Stromkabeln rund um den Bauernhof saßen Schwalben. Sie zwitscherten und redeten miteinander, aber ihre Gedanken waren hauptsächlich beim Ende des Sommers. Der Herbst kam langsam heran, und der Nordwind lauerte schon. Es wurde nun Zeit, sich auf die Reise in den Süden zu machen. Und eines Tages waren sie plötzlich alle verschwunden.

Die Hühner hatten zugehört, was die Schwalben über ihre Reise erzählt haben. „Ich glaube, dass ich nächstes Jahr einmal selbst auf die Reise gehe", sagte eine von ihnen. Der Winter ging vorbei. Die Schwalben kehrten zurück, bauten ihre Nester und bekamen ihre Jungen. Und als der Nordwind kam, saßen sie wieder auf den Leitungen, bereit, loszuziehen. Die Hühner achteten in diesem Jahr nicht auf die Schwalben. Sie sprachen nur über die Reise der Henne.

Eines Morgens, in aller Frühe, als der Wind aus dem Norden wehte, flogen die Schwalben plötzlich los. Sie fühlten den Wind unter ihren Flügeln, und voll Vertrauen folgten sie der Route, die ein Urinstinkt ihnen wies. In den Süden, über das Meer, nach Afrika. „Ich glaube, dass der Wind nun gut steht", sagte auch die Henne. Sie breitete ihre Flügel aus und rannte aus dem Hühnerstall. Flatternd lief sie ein Stück des Weges, bis sie zu einem Garten kam. Am Abend kam sie keuchend zurück.

Im Hühnerstall erzählte sie, wie sie in den Süden gegangen war, ganz weit bis zur Autobahn, wo sie gesehen hatte, wie der Verkehr der großen Welt an ihr vorbeiraste. Sie hatte Länder bereist, wo Kartoffeln wuchsen, und sie hatte Felder gesehen, auf denen Menschen arbeiteten. Am Ende des Weges war sie zu einem Garten mit Rosen, prächtigen Rosen, gelangt. Der Gärtner war auch da. „Wie interessant und wie schön hast du darüber erzählt", sagten die Hühner. Und wieder ging ein Winter vorbei. Der Frühling kam ins Land, und die Schwalben kehrten zurück. Sie erzählten von ihrer Reise, vom Fliegen über dem Meer. Aber die Hühner glaubten ihnen nicht, dass es ein Meer gab. „Ihr müsst einmal hören, was unsere Henne zu erzählen hat", sagten sie, „sie weiß alles vom Süden."

Gesprächsleitfaden

Der Maulwurf und die Maus
Die weise Henne

Alter Geschichte 32: Der Maulwurf und die Maus, 6 – 8 Jahre
Geschichte 33: Die weise Henne, 8 – 12 Jahre

Gehalt Recht haben wollen kann auf Kosten der Wahrheit gehen.

Kernziele Entdecken, was für dich selbst wichtig ist. Offen sein für andere Ideen und für das, was für andere wichtig ist. Innerhalb unseres Zusammenlebens mit vielen verschiedenen Kulturen kennen wir viele kleine Welten, inklusive unserer eigenen. Einander darin kennenzulernen, kann bereichernd sein.

Offene Fragen

Der Maulwurf und die Maus

[?] Wer hatte nun Recht: Papa Maus oder Papa Maulwurf? Warum? Mama Maulwurf sagte: „Papa wird es wissen." Stimmt das? Wie findest du das?

[?][?] Papa Maulwurf hätte auch etwas anderes sagen können. Was? Was würdest du tun, wenn du einer der kleinen Maulwürfe wärst?

Offene Fragen

Die weise Henne

[?] Als Überschrift steht da: Die weise Henne. Wie findest du das? Die Welt der Hühner ist anders als die Welt der Schwalben. Warum? Für wen war der Süden und das Meer wichtig?

[?][?] Ist das, was du nicht sehen kannst oder nicht weißt, wichtig oder unwichtig? Warum? Die Hühner glauben, dass nur das wahr ist, was eine von ihnen gesehen hat. Wie denkst du darüber? Was würde geschehen, wenn ein Huhn sagen würde: „Ich glaube den Schwalben"? Was würdest du tun, wenn du eines der Hühner wärst?

[?][?][?] Hast du schon einmal erlebt, dass dir jemand glaubhaft machen wollte, was nicht oder nicht ganz wahr ist? Was hast du dann getan? Fällt dir eine andere Überschrift für die Geschichte ein?

34 Der Hamster Niemalsgenug

Schnuff – Schnuff – Schnuff – Schnüffeln. Das machen Hamster die ganze Nacht, um Essen zu finden. Nachts? Ja, denn sie schlafen meistens tagsüber. Auch der Hamster Niemalsgenug rennt die ganze Nacht, aber auch oft tagsüber herum, auf der Suche nach allem, was essbar ist. Sicher, um es später zu genießen. Nein – um es aufzuheben. Aufheben? Verstehst du das? Nun, Meerschweinchen Sonnenschein, das in der Nähe von Hamster Niemalsgenug wohnt, versteht es jedenfalls nicht. Es sitzt in der Sonne und wundert sich, was der Hamster die ganze Zeit macht.

„Was machst du denn die ganze Zeit?", fragt es. „Ammmln." „Ich verstehe dich nicht." Das geht auch nicht, denn Hamster können mit vollem Mund nicht reden. Und sie stopfen sich die ganze Zeit so voll, dass sie davon dicke, runde Wangen bekommen. Hamster Niemalsgenug hat nun auch dicke Backen und muss das Essen erst verstecken, bevor er eine Antwort geben kann.

„Nun", sagt er schließlich, „ich sammle so viel Essen, dass ich immer genug habe. Und dann sammle ich noch mehr und noch mehr. Denn man kann ja nie wissen. Aber ich sehe dich nie, wie du Essen sammelst. Du sitzt hier nur faul in der Sonne. Du musst dir auch eine gute Stelle zum Sammeln suchen." „Und dann?" fragt das Meerschweinchen. „Dann versteckst du das Essen." „Und dann?" „Und dann versteckst du da noch mehr Essen." „Und dann?" Hamster Niemalsgenug sieht das Meerschweinchen an. Begreift es denn wirklich nicht? „Wenn ich ganz viel gearbeitet habe, eine ganze Menge Essen versteckt habe, dann kann ich genießen. Dann setze ich mich in die Sonne." „Warum machst du das denn nicht gleich? Komm, setz' dich zu mir!"

35 Zufriedenheit

Ein reicher Geschäftsmann sah, wie ein Weinbauer gemütlich auf einer Bank saß, auf seinen Weinberg schaute und dabei eine Pfeife rauchte.

Der Geschäftsmann verstand nicht, wie man so etwas tun konnte und fragte ihn: „Warum bist du nicht in deinem Weinberg und baust noch weitere Weinstöcke an?" „Weil ich genug Wein habe", sagte der Weinbauer.

„Aber du hast doch noch einige freie Flächen in dem Berg und könntest noch weitere Weinstöcke einpflanzen und bewirtschaften." „Was soll ich denn dann damit machen?"

„Du könntest immer mehr Geld damit verdienen", sagte der Geschäftsmann. „Damit könntest du dir einen weiteren Traktor kaufen und noch schneller deine Weinlese machen. Du könntest genug verdienen, um dann nochmal weitere Weinstöcke anzuschaffen. Sie würden dir noch mehr Weintrauben und Geld einbringen. Schon bald hättest du dann vielleicht genug Geld, um dir noch einen Weinberg zu kaufen – vielleicht sogar zwei weitere Weinberge. Dann wärst du ein reicher Mann, genau wie ich."

„Und was soll ich dann machen?" „Dann könntest du das Leben genießen."

„Und was glaubst du, was ich gerade mache?"

Gesprächsleitfaden

Der Hamster Niemalsgenug
Zufriedenheit

Alter Geschichte 34: Der Hamster Niemalsgenug, 6 – 8 Jahre
Geschichte 35: Zufriedenheit, 8 – 12 Jahre

Gehalt Urteilen über die Art und Weise, wie andere leben.

Kernziele Umgang mit dem Gefühl, zufrieden oder unzufrieden zu sein. Wie gehst du mit Gegensätzen bei Werten, Meinungen und Gefühlen um? Welche Arbeitseinstellung hast du? Arbeiten ist gut und wichtig, entspannen und genießen aber genauso.

Offene Fragen

Der Hamster Niemalsgenug

? Was glaubst du: Wird der Hamster jemals zufrieden sein? Wird er jemals genug haben? Der Hamster findet das Meerschweinchen faul. Wie denkst du darüber?

?? Wer würdest du gerne sein: der Hamster oder das Meerschweinchen? Warum? Können der Hamster und das Meerschweinchen einander schließlich verstehen? Werden sie zusammen in der Sonne sitzen? Oder machen sie etwas anderes?

Offene Fragen

Zufriedenheit

? Ist der Geschäftsmann zufrieden? Wärst du lieber der Geschäftsmann oder der Weinbauer? Kannst du sagen, warum? Wird der Geschäftsmann begreifen, was der Weinbauer meint? Was glaubst du, was er meint?

?? Wann bist du zufrieden? Oder unzufrieden? Kannst du erklären, warum? Was glaubst du, wie der Geschäftsmann auf die Bemerkung des Weinbauers reagiert?

36 Der junge Raubvogel

In einem Nest hoch im Baum war ein junger Raubvogel geboren worden. Seine Eltern hatten gut für ihn gesorgt und Mäuse, Vögel, junge Kaninchen und vieles mehr für ihn gejagt. Nun ist der junge Raubvogel groß genug, um selbst zu jagen. Vater und Mutter zeigen es ihm.

Sie lassen ein Stück Fleisch in der Luft fallen, das er fangen muss. Sie lassen ein anderes Stückchen von einem Ast fallen, und der junge Raubvogel muss versuchen, es zu packen, bevor es auf den Boden fällt. Er kann es schon ganz gut. „Und nun", sagt der Vater, „die letzte Lektion." „Komm mit", sagt die Mutter. Mit dem warmen Wind unter den Flügeln kreisen sie immer weiter hinauf, bis sie hoch genug sind. Der Vater steigt noch ein Stückchen weiter hinauf und bleibt dann mit ausgebreiteten Flügeln ganz still in der Luft stehen. „Was macht er denn jetzt?", fragt das Junge. „Er sucht auf dem Boden nach Beute," erklärt die Mutter. „Wie?", fragt der junge Raubvogel, „Ich sehe nichts auf dem Boden." „Du stehst auch nicht still in der Luft."

Plötzlich lässt der Vater sich wie ein Stein fallen, ergreift mit seinen Krallen etwas vom Boden und fliegt damit auf einen Ast. Dort bekommt das Junge ein Stück von der soeben gefangenen Maus. „Jetzt bist du an der Reihe", sagt der Vater. Nach einigem Üben kann der junge Vogel endlich still in der Luft stehen bleiben. Und dann bemerkt er, dass er tatsächlich etwas auf dem Boden erkennen kann. Er sieht eine dicke Heuschrecke. Er lässt sich hinunterfallen. Ja – er hat die Heuschrecke gepackt! „Du darfst sie aufessen", sagt der Vater. „Und nun kommt die letzte Lektion: Wir Raubvögel jagen, um unsere Jungen zu füttern. Nur aus diesem Grund, denn sonst geschehen ungute Dinge. Versprichst du uns, dass du es auch so tun wirst?" „Ja, ja", sagt der junge Raubvogel. Und er macht es auch so am ersten Tag. Aber am zweiten denkt er: Ich darf doch wohl auch mehr fangen. Er jagt und fängt viel. Was er nicht aufessen kann, lässt er liegen. Er kann überhaupt nicht mehr damit aufhören. Emporschweben, still stehen, auf die Beute herabstürzen, töten und liegen lassen. Immer wieder. So auch nun: Er steht still in der Luft, sieht eine Maus und denkt: „Dich bekomme ich!" Er stürzt sich hinab und – fällt daneben! Mit seinem Schnabel auf den Boden.

Vielleicht dachtest du, dass Raubvögel kein Kopfweh bekommen können. Nun, dieser hier bekam es auf jeden Fall!

37 Unsichtbare Jäger

Drei junge Brüder aus dem Dorf Ulwas am Fluss Rio Coco gingen eines Abends auf Jagd nach Waris, einer Art wilde Schweine. Nachdem sie eine Stunde lang durch den Wald gelaufen waren, hörten sie ein Geräusch: „Dar – Dar – Dar ..." Die Brüder blieben stehen und lauschten, schauten um sich, aber sie sahen niemanden. Da hörten sie das Geräusch erneut. Es kam aus einem Baum mit Lianen in den langen, biegsamen Zweigen. Einer der Brüder ergriff eine Liane und war plötzlich verschwunden.

Der zweite Bruder ergriff ebenfalls eine Liane und verschwand. Der dritte Bruder rief beunruhigt: „Was hast du mit meinen Brüdern gemacht?" „Ich habe nichts mit deinen Brüdern gemacht", antwortete eine Stimme. „Wenn sie mich loslassen, kannst du sie wieder sehen." Die zwei Brüder ließen die Liane los und waren sofort wieder sichtbar.

„Wer bist du?", fragten die Brüder überrascht. „Ich bin der Dar", sagte die Stimme. „Wenn mich jemand festhält, wird er für Mensch und Tier unsichtbar." Die Brüder sahen sich an. Das wäre gut geeignet für das Fangen von Waris! Sie wollten alle sofort ein Stück von der Liane anfassen. „Ho, ho!", rief der Dar. „So einfach ist das nicht. Bevor ihr etwas von mir nehmt, müsst ihr versprechen, dass ihr meine Macht gut gebrauchen werdet." „Wir versprechen dir alles, was du nur willst", sagten die Brüder. „Nun, dann hört gut zu", sagte der Dar. „Ihr müsst versprechen, dass ihr das Fleisch der Waris nicht verkaufen werdet, ihr dürft es nur verschenken." Das war für die Brüder kein Problem, denn sie teilten das Fleisch immer mit ihren Dorfgenossen. „Weiterhin dürft ihr nur wie ein Ureinwohner jagen. Den Wari fangen und schnell töten, mit möglichst wenig Schmerz und Angst für das Tier." Auch das taten die Brüder immer. „Ohne Gebrauch von Gewehren." Auch das fiel ihnen leicht, zu versprechen, denn sie hatten keine Gewehre. Unsichtbar durch ein Stück Liane des Dars fingen sie an diesem Tag viele Waris, die sie mit ihren Dorfgenossen teilten, nachdem sie die Liane wieder an den Baum zurückgehängt hatten.

Natürlich gab es nun viele Fragen im Dorf, und sie erzählten den Menschen von dem Dar. Die Ältesten kannten die Macht des Dars und sagten: „Der Dar ist alt und mächtig. Wenn ihr so handelt, wie ihr es versprochen habt, wird es euch und unserem Dorf gutgehen." Es ging auch sehr lange gut, bis eines Tages zwei Händler mit einem Boot im Dorf ankamen. Sie hatten von den berühmten Jägern gehört und wollten Wari-Fleisch kaufen. Die Brüder dachten an ihr Versprechen, dass sie das Fleisch teilen sollten. „Aber wenn alle aus dem Dorf genug haben und noch Fleisch übrig ist, dann dürfen wir es verkaufen", sagten sie zueinander. „Der Dar wird es erfahren!", sagte ein Bruder zögernd, aber sie beschlossen dennoch, das Fleisch zu verkaufen. Eine Zeitlang ging alles gut, doch bald benötigten die Händler immer mehr und nahmen Fleisch mit, das eigentlich für die Dorfbewohner bestimmt war. „Eure Art, zu jagen, kostet viel zu viel Zeit", sagten sie zu den Brüdern. „Ihr könnt unsere Gewehre haben, damit könnt ihr viel mehr Waris fangen", sagten sie zu den Brüdern. Die Brüder fanden die Entscheidung schwierig, bis schließlich einer von ihnen sagte: „Vielleicht sind die Händler ja mächtiger als der Dar." Sie vergaßen ihr Versprechen an den Dar, und sie vergaßen, für ihr Dorf zu sorgen. Sie wurden reich!

Aber eines Tages, als die Brüder zur Jagd gegangen waren, bekamen die Menschen im Dorf schreckliche Angst. Sie konnten ihren Augen nicht glauben: Ein eigenartiger langsamer Zug kam auf sie zu, ein Zug von toten Waris, die wie von Geisterhand entlanggezogen wurden.

An dieser Stelle bietet sich die Gelegenheit, mit den Kindern ins Gespräch zu kommen: Wie könnte die Geschichte weitergehen?

Die Brüder hatten die Liane nach der Jagd wieder an den Baum gehängt, aber sie wurden nicht mehr sichtbar. Sie konnten rufen und bitten, wie sie nur wollten, der Dar reagierte nicht, sondern rief nur: „Dar – Dar – Dar …" Die Brüder mussten nun unsichtbar, wie sie waren, zurück ins Dorf. Die Ältesten begriffen, was geschehen war, und sagten: „Ihr dürft hier nun nicht mehr wohnen, ihr müsst weg aus Ulwas." So mussten die Brüder von diesem Zeitpunkt an am Ufer des Rio Coco entlangziehen. Immer wieder baten sie den Dar, sie wieder sichtbar zu machen.

Die Miskito-Ureinwohner sagen, dass die Jäger dort noch immer herumirren. Einige schwören sogar, dass die unsichtbaren Jäger im Wald neben ihnen hergelaufen sind. Sie sind sich deswegen ganz sicher, weil sie Stimmen gehört haben, die riefen: „Dar – Dar – Dar …"

Dies ist eine Geschichte der Miskito-Ureinwohner, einer Gruppe der ursprünglichen Bewohner von Nicaragua in Mittelamerika.

Gesprächsleitfaden

Der junge Raubvogel
Unsichtbare Jäger

Alter Geschichte 36: Der junge Raubvogel, 6–8 Jahre
Geschichte 37: Unsichtbare Jäger, 8–12 Jahre

Gehalt Versprechen nicht einhalten. Für Nahrung jagen; jagen, um die Natur im Gleichgewicht zu halten; Jagen als Spiel; Jagen für Gewinn; Jagen als unnötiges Töten. Eine Wahl treffen, sich an ein Versprechen halten, einer Verführung widerstehen. Unterschiede von Interessen erkennen.

Kernziele Entscheidungen treffen, Versprechen einhalten, Versuchungen widerstehen.

Offene Fragen

Der junge Raubvogel

[?] Die Eltern versuchten, dem jungen Raubvogel etwas über die Jagd beizubringen. Was glaubst du, halten sie für das Wichtigste? Sie erzählten ihm, warum Beute gefangen werden darf. Glaubst du, dass der junge Raubvogel es nicht gut verstanden hat, oder gab es einen anderen Grund?

[?][?] Kannst du den Unterschied erklären zwischen der Art, wie die alten Raubvögel gejagt haben, und der, wie der junge Raubvogel es getan hat? Er fällt auf seinen Schnabel. Wie findest du das?

[?][?][?] Hast du selbst schon einmal etwas versprochen? Ist dir gelungen, es einzuhalten? Warum ja? Warum nein?

Offene Fragen

Unsichtbare Jäger

[?] Der Dar lässt die Brüder schwören, das Fleisch zu verschenken, die Waris wie Ureinwohner zu töten und nicht mit Gewehren zu jagen. Warum? Die Brüder fanden es nicht schwierig, dieses Versprechen zu geben. Warum? Warum wurde es dann doch immer schwerer, sich an das Versprechen zu halten?

[?][?] Die Ältesten schickten die Brüder aus dem Dorf weg, nachdem sie ihr Versprechen gebrochen hatten. Verstehst du das? Findest du es richtig? Warum? „Vielleicht sind die Händler mächtiger als der Dar“, sagt einer der Brüder. Was glaubst du?

[?][?][?] Findest du es wichtig, dass sich deine Freunde und andere Menschen an ihr Versprechen halten? Findest du es wichtig, dass du selbst tust, was du versprochen hast? Diese Geschichte ist schon sehr alt und wird in Nicaragua immer noch erzählt. Warum?

38 Drei junge Katzen

Drei junge Katzen spielten miteinander auf dem Dachboden, auf dem sie geboren waren. Manchmal spielten sie sehr friedlich miteinander, manchmal allerdings waren sie gemein und ärgerten sich gegenseitig. Mutter Katze beobachtete sie und dachte: „Sie werden groß. Es wird Zeit, dass sie die Welt außerhalb des Dachbodens kennenlernen. Sie werden dabei viel lernen." Sie rief alle drei zu sich. „Heute dürft ihr alle diesen Dachboden verlassen", sagte sie, „ihr dürft in die weite Welt ziehen. Aber wenn ihr heute Abend wieder zurückkommt, dann möchte ich hören, was ihr alles unterwegs gemacht habt, damit ich weiß, dass ihr wirklich da gewesen seid."

Und so machten sich die drei jungen Katzen auf den Weg. Zunächst noch ein Stückchen gemeinsam, aber dann ging jede ihren eigenen Weg. Eine der Katzen dachte: „Ich weiß, was Katzen tun müssen, um zu zeigen, dass sie da gewesen sind. Nun, nicht sehen lassen, sondern riechen! Katzen pinkeln unterwegs oft gegen etwas. So kann man riechen, wer da gewesen ist." Also pinkelte sie so oft wie möglich an eine Pflanze, eine Mauer oder einen Baum. Und da sie viel pinkeln wollte, musste sie viel trinken. Sie hatte also sehr viel zu tun. Die zweite Katze war bereits eine Weile unterwegs, als sie plötzlich eine andere Katze hörte, die hoch oben in einem Baum saß. „Da möchte ich sitzen!", dachte sie. „Aber dann muss die andere Katze weg!" Sie kletterte in den Baum, bis sie zu dem Ast kam, auf dem die Katze saß. Dann machte sie sich ganz groß, stellte ihren Schwanz auf und begann, zu fauchen. Die andere Katze erschrak und verließ den Baum so schnell, wie sie nur konnte. „Ich habe gezeigt, dass ich hier gewesen bin!", dachte die junge Katze auf dem Ast. Die dritte Katze hatte sich einen schönen Tag gemacht. Sie hatte viele andere Katzen gesehen, hatte mit ihnen gespielt, war mit ihnen auf Mäusejagd gewesen, und sie hatten zusammen gegessen und getrunken. Die anderen Katzen hatten ihr gezeigt, wo sie wohnten, und sie hatte von ihrer Mutter und ihren Brüdern erzählt.

Am Abend kamen sie alle drei wieder müde zu ihrer Mutter auf den Dachboden zurück. „Bevor ihr schlafen geht, möchte ich gerne hören, was ihr gemacht habt und wo ihr gewesen seid", sagte sie. „Was ich gemacht habe", sagte die erste Katze, „kann man sehr gut riechen. Überall, wo ich gewesen bin, habe ich gepinkelt." „Und du?", fragte die Mutter die zweite Katze. „Ich habe den anderen Katzen richtig gezeigt, dass ich da gewesen bin. Ich habe sie alle weggejagt." „Und nun du", sagte

sie zur dritten Katze. „Eigentlich habe ich nicht mehr daran gedacht, dass wir Zeichen hinterlassen sollen. Ich habe viele andere Katzen kennengelernt, bin mit ihnen auf der Jagd gewesen und habe ihnen von uns erzählt. Es war sehr schön." „Geht nun alle drei schön schlafen", sagte die Mutter. „Morgen früh machen wir uns auf den Weg und schauen, wo ihr überall gewesen seid."

In der Nacht regnete es, und als sie am nächsten Morgen losgingen, konnten sie den Geruch der ersten Katze nicht mehr finden und nicht mehr riechen, denn der Regen hatte alles von den Pflanzen, Mauern und Bäumen weggespült. Sie begegneten der Katze, die die zweite Katze weggejagt hatte, nicht, denn sie traute sich nicht mehr, sich zu zeigen. Aber alle Katzen, mit denen die dritte Katze am vergangenen Tag gespielt hatte, kamen auf sie zu und begrüßten sie. Sie erzählten, wie schön es gewesen war. Mutter Katze freute sich sehr. „Das ist das Allerwichtigste, was ihr tun könnt, um zu zeigen, dass ihr da gewesen seid", sagte sie. „Sorgt dafür, dass die anderen und ihr selbst eine schöne gemeinsame Zeit hattet."

39 Zeichen auf dem Weg

Ein Vater schickte seine beiden Söhne in die weite Welt. Er fand, dass sie alt genug waren, um das Leben kennenzulernen. Sie sollten auch sehen, wie die Menschen anderswo lebten. „Und", sagte er zu den beiden, „hinterlasst auf eurem Weg Zeichen, damit man sehen kann, dass ihr dagewesen seid."

Die beiden Brüder machten sich auf den Weg. Schon bereits nach einigen Schritten begann der älteste Bruder, Zeichen zu hinterlassen. Er legte Steine an den Wegrand, machte Knoten in Grashalme, brach Zweige ab und steckte sie in den Boden. Der ganze Weg war voll mit Zeichen. Er war so sehr damit beschäftigt, dass er kaum Zeit hatte, sich umzusehen oder Menschen zu begegnen. Der jüngste Bruder machte es ganz anders. Er machte keine Zeichen am Wegesrand. Im ersten Dorf ging er in die Herberge, aß und trank mit den Menschen, erzählte von sich und hörte, wie sie lebten. Im nächsten Dorf freundete er sich mit einem Jungen an, der ihn mit zu seiner Familie nahm. Er sah und hörte, wie das Leben in dem kleinen Haus auf dem Land war. Er zog weiter und kam in eine Stadt. Da er offen und freundlich war, bekam er eine Unterkunft bei den Menschen angeboten.

Als sie abends zusammen aßen, hörte er von ihnen, wie sie über das Leben dachten und wie sie damit umgingen. Auch er erzählte von sich. Inzwischen war der älteste Bruder emsig mit seinen Steinen, Knoten und Zweigen beschäftigt und müde vom Bücken. Als sie beide wieder zu Hause angekommen waren, erzählten sie ihrem Vater ihre Erlebnisse. Er hörte ihnen gespannt zu und ging dann mit ihnen denselben Weg noch einmal. Überall wurde der jüngste Bruder mit seinem Vater herzlich empfangen. Aber niemand kannte den älteren Bruder. „Ich verstehe das nicht. Warum kennt mich niemand?", sagte er. „Alle sind zu meinem Bruder freundlich, der nichts anderes getan hat, als schauen und reden. Er hat keine einzigen Zeichen angebracht, wie du es uns gesagt hattest, Vater." Da sagte der Vater: „Es gibt noch andere Zeichen als Steine, Gras und Zweige, mein Sohn. Es sind die Zeichen, die ein Mensch in den Herzen von anderen Menschen hinterlässt, wenn er ihnen begegnet, ihnen zuhört, mit ihnen spricht und Freundschaften schließt. Das sind die Zeichen, die dein jüngerer Bruder auf seinem Weg hinterlassen hat. Darum wird er von den Menschen erkannt und freundlich begrüßt. Gras, Zweige und Steine werden früher oder später verschwinden. Die Zeichen, die du in den Herzen von Menschen hinterlässt, bleiben für immer."

Gesprächsleitfaden

Drei junge Katzen
Zeichen auf dem Weg

Alter Geschichte 38: Drei junge Katzen, 6 – 8 Jahre
Geschichte 39: Zeichen auf dem Weg, 8 – 12 Jahre

Gehalt Sich mit anderen verbunden fühlen. Menschgerichtet sein. Echte Aufmerksamkeit für das, was ein anderer dir erzählen möchte, daraus lernen. Authentisch sein in dem, was du selbst erzählst.

Kernziele Gefühle, Ansichten und Wünsche miteinander teilen. Auf andere Rücksicht nehmen. Offenheit. Sich selbst in Begegnungen reflektieren. Freundschaft. Unterschiedliche Lebensweisen. Respekt vor anderen.

Offene Fragen — Drei junge Katzen

? Wie zeigt die erste Katze, dass sie dort gewesen ist? Und die zweite Katze? Die dritte junge Katze hatte überhaupt nicht mehr daran gedacht, und doch war sehr gut zu erkennen, wo sie gewesen war. Woran war es zu sehen?

?? Wie geht die Geschichte weiter? Was meinst du? Wie werden die drei Katzen handeln, wenn sie sich wieder auf den Weg in die Welt machen? Was hat sich nun verändert?

??? Warst du auch schon einmal zu Besuch bei Menschen, mit denen das Zusammensein sehr schön war? Glaubst du, dass sie sich auch gefreut haben, dass du bei ihnen warst? An welche Dinge von dir werden sich die anderen erinnern? Wie findest du das?

Offene Fragen — Zeichen auf dem Weg

? Was hättest du getan, wenn du einer der Söhne gewesen wärst? Warum? Der Vater hoffte, dass sie etwas lernen würden, wenn sie hinaus in die Welt gehen. Was glaubst du, hat der älteste Sohn gelernt? Und der jüngste?

?? Was meint der Vater mit den Zeichen, die man in den Herzen von Menschen hinterlassen kann? Welche Zeichen hast du selbst schon in deinem Leben hinterlassen? Wie findest du das, wenn du darauf zurückblickst?

Der Käfer und der Löwe

Ein kleiner Käfer saß im Gras, ein Marienkäferchen. Er schaute nach oben und sah die Sonne über den Grashalmen scheinen. „Wie gerne würde ich dort in der Sonne sitzen", dachte der Marienkäfer. „Na, dann klettere doch einfach hinauf", sagte er zu sich selbst.

Er begann, einen Grashalm hinaufzuklettern. Nach kurzer Zeit war er bereits recht weit hinaufgelangt. Alles ging gut, bis er abrutschte – und auf dem Rücken am Boden lag. Für Marienkäfer ist es dann schwierig, sich wieder umzudrehen, aber schließlich gelang es ihm, und er begann, wieder tapfer hinaufzuklettern. Ein paar Mal rutschte er noch ab, aber jedes Mal schaute der Käfer nach oben, zu den Sonnenstrahlen und den Grashalmen, und dachte dann: „Ich will dort hinauf!" Endlich war es ihm gelungen. Er war müde, aber sehr stolz. Er hatte nicht aufgegeben und war ganz alleine hier hingekommen. Er breitete seine Flügel aus und genoss die warmen Sonnenstrahlen. Herrlich! Der Marienkäfer war glücklich!

Da kamen ein Esel und ein Löwe vorbei. Der Esel lachte den Marienkäfer aus: „Du tust gerade so, als ob du einen Berg bestiegen hast. Das war doch nur ein Grashalm!" Der Löwe blieb stehen, schaute den glücklichen Marienkäfer an und sagte: „Das hast du gut gemacht, Käferchen! Viel Spaß da oben. Du bist dort hingekommen, wo du hinwolltest. Das gelingt nicht jedem!"

Gesprächsleitfaden

Der Käfer und der Löwe

Alter 6–12 Jahre

Gehalt Etwas erreichen wollen bedeutet durchhalten, bis man am Ziel angekommen ist. Gleichwertigkeit. Wertschätzen, was ein anderer auf seine eigene Art und Weise erreicht hat. Was für den einen einfach ist, kann für den anderen eine besondere Leistung sein.

Kernziele Entwickeln von eigenen Möglichkeiten und Selbstbewusstsein. Bewusstsein von den Möglichkeiten, die andere haben. Auf die Gefühle anderer Rücksicht nehmen. Respekt. Wahrnehmen und Wertschätzen von Unterschieden.

Offene Fragen

? Warum kletterte der Marienkäfer immer wieder aufs Neue nach oben? Was hältst du von dem Esel? Wie fühlst du dich, wenn jemand dich auslacht? Wie findest du den Löwen?

? ? Warst du auch schon einmal auf dich selbst stolz? War schon einmal jemand auf dich stolz? Was hättest du zu dem Käfer gesagt? Hättest du es selbst auch immer wieder versucht? Was findest du selbst schwierig, versuchst es aber dennoch immer wieder? Warum reagiert der Esel so? Wie würde er sich fühlen, wenn jemand das Gleiche zu ihm sagen würde? Warum reagiert der Löwe ganz anders? „Du bist dort hingekommen, wo du hinwolltest. Das gelingt nicht jedem!" Was meint er damit?

? ? ? Hast du dich auch schon einmal sehr um etwas bemühen müssen? Warum hast du es getan? Wie haben andere darauf reagiert? Welche Reaktionen von anderen hättest du dir gewünscht? Wie reagierst du auf Leistungen von anderen? Wie, wenn es für dich selbst überhaupt keine große Leistung ist?

41 Der Tausendfüßler

Nun ist, um damit zu beginnen, der Name des Tausendfüßlers ein wenig übertrieben. Er hat viele Füße, das ist wahr: 30, 100, manchmal 200, aber um da nun gleich 1000 daraus zu machen …! Du weißt nun sofort, was für ein Tier er ist: Ein Angeber! Nicht alle sind so, aber der Tausendfüßler in unserer Geschichte ist das sehr wohl. Er ist ein hübsches Tier: leuchtend orange, an jeder Seite seines Körpers 15 Beine und ein schöner Kopf mit einem starken Gebiss, um seine Beute zu fangen und aufzuessen. Die anderen Tausendfüßler wären gerne so wie er. Das weiß unser Tausendfüßler. Er findet selbst auch, dass er der schönste und schlauste ist.

Eines Tages hat er sich etwas Neues ausgedacht. „Ich mache es ab sofort anders", sagt er. „Dieses Herumkriechen, ich mache das nicht mehr. Ich werde ab sofort aufrecht gehen. Wenn unter Steinen, Holz oder Sand kleine Tierchen sitzen, dann sind sie sicher auch überall oben. Ich brauche nur zwei Beine, um darauf zu laufen. Es sieht auch viel besser aus." Und ja, da läuft er dann. Schön aufgerichtet, auf zwei Beinen. „Wow", denken die anderen Tausendfüßler, „das sieht gut aus. Er ist doch wirklich schlau." Schon bald laufen alle auf zwei Beinen herum. Alle? Nein, ein Tausendfüßler macht nicht mit. Er benutzt weiterhin alle seine Beine und verschwindet unter einem Haufen mit Steinen. Es gibt auch kleine Tiere auf den Steinen, dem Holz und dem Sand. Da hat unser Tausendfüßler schon Recht, aber es sind nicht so viele. Die Tausendfüßler müssen nun länger suchen und bekommen Hunger. Sie beginnen sogar, um ihre Beute zu kämpfen. Und was auch sehr unangenehm ist: die zwei Beine, auf denen sie laufen, fangen an, wehzutun.

Inzwischen hat der eine Tausendfüßler, der nicht mitgemacht hat, seinen Bauch vollgegessen und kommt unter den Steinen hervor. „Hier unten ist noch genug Nahrung", sagt er. „Wenn ihr wieder auf allen euren Füßen lauft, könnt ihr sie auch erreichen."

An dieser Stelle bietet sich die Gelegenheit, mit den Kindern ins Gespräch zu kommen: Wie könnte die Geschichte weitergehen?

Und was glaubst du? Laufen sie nun wieder auf allen ihren Beinen? Nein! Sie hören nicht zu. „Mit diesen Zweifüßlern möchte ich nichts zu tun haben!", denkt der eine Tausendfüßler und verschwindet unter den Steinen.

42 Das Königskalb

Einst bekam ein König ein ganz besonderes Kalb geschenkt. Es hatte kein einziges weißes Haar, es war kohlrabenschwarz. Aber was noch besonders war: Es mochte kein Gras. Das war eigenartig. Der König befahl, dass das Kalb mit besonderer Vorsicht behandelt werden sollte, und ernannte zu diesem Zweck einen Aufseher. Dieser musste den ganzen Tag auf das Kalb aufpassen und das beste Futter kommen lassen. Aber das Kalb fraß nicht. Der Aufseher war ganz verzweifelt – bis er eines Tages entdeckte, dass das Kalb aus einem ganzen Haufen frisch gemähten Klee ein einziges Blatt hervorzog und es in seinem rosa Maul verschwinden ließ. Er schaute ganz schnell in das Maul des Kalbes. Und sieh mal einer an: Da lag auf der königlichen Kalbszunge ein vierblättriges Kleeblatt, ein Glücksklee. Das war also die zweite Besonderheit des schwarzen Königskalbes: Es aß nur Glücksklee!

Der König war stolz auf sein besonderes Kalb. In allen Städten und Dörfern wurden Plakate aufgehängt, auf denen stand, dass jeder Glücksklee für das Kalb des Königs suchen sollte. Es dauerte nicht lange, und schon krochen alle Untertanen durch die Weiden, die Büsche am Wegesrand und durch den eigenen Garten. Sie krochen überall herum, für den König und sein Kalb. Nur ist Glücksklee leider sehr selten. Es gab nur wenige Menschen, die etwas gefunden hatten.

Doch es gab in dem Königreich einen Mann, der sehr klug und weise war. Er kam aus einem weit entfernten, fremden Land. Wie wenn die Botschaft auf den Plakaten nicht für ihn bestimmt wäre, stand er da und kroch nicht herum. Er schaute und hörte gut zu. Jedes Mal, wenn er jemanden jubelnd hörte: „Hurra, für den König und sein Kalb!", wusste er, dass jemand einen Glücksklee gefunden hatte. Er ließ sich dann den Platz zeigen, wo es gestanden hatte und grub die Pflanze mit den Wurzeln zusammen aus. Dann nahm er es mit auf das Feld für Glücksklee, das er inzwischen angelegt hatte, und versorgte es gut. Mit der Saat der Kleeblumen züchtete er neue Pflanzen. Er wusste, dass er auf diese Art im nächsten Jahr viel Glücksklee ernten konnte.

Dadurch, dass das ganze Volk kroch, gelang es mit viel Mühe, nicht nur so viel Glücksklee zu finden, dass das Kalb überleben konnte, sondern ihn auch noch wachsen und gedeihen zu lassen. Ja, es gab sogar genug getrockneten Glücksklee für den Winter. Aber bis auf den König, der natürlich nicht kroch, und den Fremdling, konnte nun niemand mehr so richtig aufrecht laufen. Die Menschen fingen an, zu

glauben, dass es so richtig war. Das Land wurde immer ärmer, da niemand mehr zusätzlich zu dem Suchen nach Glücksklee viel Zeit für andere Dinge hatte. Diese Entwicklung fiel schließlich jedem auf. Nur der König sah es nicht. Er sah nur noch sein Kalb. Doch da war der Fremdling, der nie gekrochen war, aber Glückskleepflanzen gezüchtet hatte. Sein Feld war groß genug, um das Kalb im kommenden Sommer und sogar den ganzen Winter hindurch mit Glücksklee zu versorgen.

Das Volk hatte – kriechenderweise – nichts von der Arbeit des Fremdlings bemerkt und war sehr überrascht, als der Mann im Frühjahr einige Körbe mit Glücksklee an den Hof bringen ließ mit der Mitteilung, dass ab sofort all das Kriechen nicht mehr nötig wäre und die Menschen nun wieder für andere, wichtigere Dinge Zeit haben würden.

Nun sollte man meinen, dass der König und das Volk sehr dankbar gewesen wären. Eine kurze Zeit schien es auch so. Sie fragten den Fremdling, wie er an all den Glücksklee gekommen war. Er erzählte, wie er es gemacht hatte und dass es nicht so schwierig war. Die Menschen richteten sich mit Mühe auf, schauten sich den Fremdling an und dachten: „Ja, das klingt schon sehr gut. Aber er ist keiner von uns. Was er uns erzählt, kann nicht wahr sein, kann nicht gut sein." Und sie beschlossen, weiterzusuchen, in der Kriechhaltung, an die sie sich inzwischen gewöhnt hatten.

Der König sah es und war stolz auf seine Untertanen, die so viel für ihn und sein Kalb arbeiteten. Er sagte zu dem Fremdling, dass er seinen Glücksklee nicht nötig hatte. Und mitten in der Nacht vernichteten einige der besten Kriecher den Acker mit den Pflanzen. Daraufhin verließ der Fremdling das Land. Und das Volk jubelte: „Lang lebe der König! Lang lebe sein Kalb!"

Gesprächsleitfaden

Der Tausenfüßler
Das Königskalb

Alter Geschichte 41: Der Tausendfüßler, 6–8 Jahre
Geschichte 42: Das Königskalb, 8–12 Jahre

Gehalt Etwas oder jemanden zu einem Ideal machen.
Dafür alles tun, alles aufopfern, auch wichtige Dinge.

Kernziele Persönliche Fertigkeiten entwickeln. Verändern. Das eigene Handeln reflektieren können. Offen sein für die Ideen anderer.

Offene Fragen

Der Tausendfüßler

[?] Wie findest du den Tausendfüßler, der auf zwei Beinen läuft? Wie findest du die anderen, die ihn nachmachen? Wem wärst du gerne ähnlich: dem schlauen Tausendfüßler, allen anderen oder dem einen Tausendfüßler, der nicht mitmacht? Kannst du erklären, warum?

[?][?] Möchtest du auch manchmal wie andere sein? Warum? Möchtest du sie dann auch nachmachen? Der eine Tausendfüßler geht weg, weil er mit den „Zweifüßlern" nichts mehr zu tun haben möchte. Hättest du das auch gemacht?

Offene Fragen

Das Königskalb

[?] Wie findest du den König? Alle Untertanen machen sich kriechend auf die Suche nach Glücksklee. Hättest du das auch gemacht? Warum nehmen die Menschen die Idee des Fremdlings nicht an? Wie findest du das? Der Fremdling geht schließlich. Hättest du das auch gemacht? Warum?

[?][?] Tust du auch manchmal etwas, nur weil andere sagen, dass du es so machen musst? Wie findest du die Art und Weise, wie der König mit dem Kalb umgeht? Und mit seinem Volk? Warum begeben sie sich auf die Suche? Warum tun sie es auch dann noch, als der Fremdling ihnen sagt, dass es nicht mehr nötig ist? Für welche wichtigen Dinge sollten die Untertanen mehr Zeit haben? Was denkst du über den Fremdling? Wie findest du es, dass er weggeht? Was hättest du getan?

[?][?][?] Erkennst du bei anderen, wenn sie etwas tun, was ein anderer ihnen sagt, ohne darüber nachzudenken? Erkennst du es bei dir selbst? Was tust du dann? Könntest du anders handeln? Würdest du gerne anders handeln?

43 Die zischende Schlange

„Psssssssss!" Aus dem hohen Gras einer Weide schnellt eine blitzschnelle Giftschlange hervor – wütend, hoch aufgerichtet, das Maul weit geöffnet, sodass die Giftzähne und die tänzelnde Zunge gut zu sehen sind. Die Hirten, die in der Nähe ihre Tiere grasen lassen, rennen schnell weg. Sie haben große Angst, denn sie wissen, dass diese Schlange beißen und ihr Gift einen Menschen sogar töten kann.

Ein Stückchen weiter treffen die Hirten einen Wanderer. Sie begrüßen ihn und warnen ihn vor der Giftschlange. Zu ihrer großen Überraschung grüßt der Mann sie freundlich und läuft in aller Ruhe weiter in die Richtung, wo sie die Schlange gesehen haben. Gerade als er auf den Weg trifft, der durch die Weide läuft, schießt die Schlange auf ihn zu, richtet sich auf und droht damit, ihn zu beißen. Und dann geschieht etwas, was die Schlange noch nie erlebt hat. Der Mann beginnt nicht, zu schreien, springt nicht auf, läuft nicht weg. Er hat einfach keine Angst!

Freundlich schaut er sie an. Dadurch kommt sie ganz durcheinander. Sie hört auf, zu zischen, und sackt auf den Boden. Der Fremdling sagt: „Warum machst du anderen Angst? Willst du ihnen wehtun oder sie töten? Es scheint so, als ob du selbst nicht mehr weißt, was du tust, wenn du dich so aufregst. Jetzt, wo deine Wut sich gelegt hat, bist du viel ruhiger. Fühlt sich das so besser an?" Die Schlange kann nichts anderes tun als mit „Ja" antworten. „Schau, so geht es allen lebenden Wesen. Wenn du Böses tun willst, fühlst du dich selbst schlecht." Nun, dieses Gefühl kennt die Schlange nur allzu gut. „Wenn du versuchst, Gutes zu tun, dann fühlst du dich auch gut." „Das glaube ich dir gerne", sagt die Schlange. „Ich möchte es auch versuchen, aber es erscheint mir sehr schwierig. Kommst du einmal wieder zurück?" Das verspricht der Fremdling. Er verabschiedet sich und läuft weiter. Die Schlange glaubt, dass sie verstanden hat, was der Mann gesagt hat. Ab sofort wird sie zu jedem freundlich sein.

Die Hirten, die früher so viel Angst vor ihr hatten, merken nun, dass sie nicht mehr angreift. Sie laufen nicht mehr in einem großen Bogen um sie herum, sondern beginnen, sie zu ärgern. Da sie sich nicht wehrt, schlagen sie sie sogar mit Stöcken – so lange, bis sie sich nicht mehr bewegt. „Sie ist tot", sagen sie und lassen sie auf dem Weg liegen. Aber sie ist nicht tot. In der Kühle der Nacht kommt sie wieder zu sich und schleppt sich in ihre Höhle. Dort liegt sie dann, tagelang. Sie lebt von einigen Blättern, die sie in der Nähe finden kann. Ihre Wunden heilen, aber sie ist sehr dünn geworden.

Nach einiger Zeit erscheint der Fremde wieder auf der Weide und sucht die Schlange. Er fragte die Hirten, ob sie wissen, wo die Schlange ist. Sie erzählen ihm, dass sie tot ist. Der Mann glaubt es nicht. Als die Hirten weitergezogen sind, ruft er die Schlange, und sie kommt aus ihrem Versteck zum Vorschein. „Wie geht es dir?", fragt er. „Ich bin ruhiger geworden", antwortete sie. „Aber warum bist du so mager?" „Ich habe nur noch Blätter gegessen. Ich kann keine Tiere mehr töten, vielleicht kommt es daher." Der Mann schüttelt seinen Kopf. „Das alleine kann nicht die Ursache sein. Dein Körper ist voller Narben. Was ist geschehen?" Da erzählt die Schlange, was passiert ist. Dass sie die Hirten nicht angegriffen hat, weil sie gelernt hat, niemandem Böses zu tun. „Aber, liebe Schlange", sagt der Mann, „du hast gezeigt, dass du niemandem Böses tun möchtest, aber eine Sache hast du noch nicht gut verstanden."

An dieser Stelle bietet sich die Gelegenheit, mit den Kindern ins Gespräch zu kommen: Wie könnte die Geschichte weitergehen?

Er spricht weiter: „Wir haben darüber gesprochen, dass du schnell wütend wirst, andere anfällst und beißt. Über dein Zischen habe ich nichts gesagt. Du bist und bleibst eine Schlange. Wenn du dich in einer Notsituation aufrichtest und drohend zischst, erschreckst du die anderen, aber du tust ihnen nichts an." Der Fremdling wünscht ihr viel Glück und zieht weiter. Die Schlange denkt gerade noch über seine Worte nach, da erscheinen die Hirten wieder auf der Weide. Da sie sehen, dass die Schlange noch lebt, wollen sie sie nun endgültig töten. Sie ergreifen Stöcke und kommen auf sie zu. Die Schlange wartet kurz, dann richtet sie sich auf und zeigt ihre Zähne. Ihre Zunge schießt nach vorne und zischt: pssssssssss! Die Hirten wissen nicht, wie ihnen geschieht, und laufen, so schnell ihre Beine sie tragen können, weg. Ab sofort machen sie einen großen Bogen um die Schlange. Und die Schlange braucht sich nicht mehr zu verstecken.

Diese Geschichte kommt aus dem Buddhismus.
Einer der Kernpunkte davon ist der friedliche Umgang miteinander.

Gesprächsleitfaden

Die zischende Schlange

Alter 8–12 Jahre

Gehalt Die Wahrnehmung der Welt und von anderen ist entscheidend dafür, wie wir damit umgehen. Das wiederum ruft neue Reaktionen auf.

Kernziele Für die eigene körperliche und seelische Gesundheit und die von anderen sorgen. Für sich selbst einstehen. Sich auf individuelle Art und Weise wehren können. Selbstbewusste Haltung.
Wie kann ich Konflikte verhindern und auflösen? Respekt.

Offene Fragen

[?] Was hat die Schlange nicht richtig verstanden? Warum greift sie die Hirten an? Warum ist die Schlange so durcheinander?

[?][?] Erkennst du das bei dir selbst? Bist du auch manchmal so verärgert, dass du nicht mehr weißt, was du tust? Wie könntest du anders damit umgehen? Als die Hirten entdecken, dass die Schlange sie nicht mehr angreift, schlagen sie sie beinahe tot. Wie findest du das? Die Schlange entscheidet sich dafür, nur noch Blätter zu essen. Warum? Wie denkst du darüber? Warum möchte die Schlange nicht mehr so sein wie früher?

[?][?][?] Was meint der Fremdling mit „Du bist und bleibst eine Schlange"? Warum wurden die Hirten nicht mehr gebissen? Die Schlange braucht sich nun nicht mehr zu verstecken. Warum? Was weiß sie jetzt? Wie ist das bei dir? Weißt du, wie du dich selbst verteidigen kannst? Weißt du auch, wann du angreifst und warum?

44 Das Licht geht immer mit dir

Es war einmal ein Kind, das an einem kalten Winterabend Brot zu einer Familie bringen sollte, die tief im Wald wohnte. Es war ein Geschenk seiner Tante für den Vater und die Mutter des Babys, das dort gerade zur Welt gekommen war. „Aber Tante, es ist so kalt. Und es ist so weit", klagte das Kind. „Komm", sagte die Tante. „Zieh dich warm an, und denk daran, dass sie sich sehr freuen werden, wenn du kommst." „Ja, das stimmt, aber es ist schon sehr dunkel draußen." „Dann gebe ich dir eine Laterne mit. Gut?" „Ja", sagte das Kind zögernd. Warm angezogen, mit einem Brot unter dem Arm und einer Laterne in der Hand machte es sich auf den Weg.

Das erste Stück war einfach. Aus den Häusern entlang des Weges schien Licht. Aber der Weg wurde bald zu einem schmalen Pfad, wo keine Häuser mehr standen, sondern nur Bäume. Das Kind lief langsamer, immer langsamer und blieb schließlich stehen. Es wollte nicht zurückgehen, traute sich aber auch nicht weiter. Als es bereits eine Zeitlang dort stand, kam jemand durch den Wald. Es war der Vater des Babys.

„Was machst du denn hier?", fragte er. „Ich möchte euch etwas bringen, aber ich traue mich nicht mehr. Es ist dort so dunkel", sagte das Kind und zeigte auf den Weg vor sich. „Das stimmt", sagte der Vater, „aber gehe einmal einen Schritt vorwärts. Wo ist es nun dunkel?" „Ein Stück weiter", sagte das Kind. „Mache jetzt zwei Schritte vorwärts. Wo ist es jetzt dunkel?" „Noch ein Stück weiter." „Wenn du selbst Licht hast, geht das Licht immer mit dir mit", sagte der Mann. „Ich muss kurz weg, aber du kannst hier auf mich warten. Dann können wir gleich zusammen weitergehen."
Die letzten Worte hatte das Kind schon nicht mehr gehört, da es ganz in dem Spiel mit den Schritten vorwärts aufging. Drei, vier, immer mehr. So kam es bei der Mutter und dem Baby an. Mit dem Brot, mit Licht und mit Freude. Der Vater fand, als er zurückkam, niemanden mehr auf dem Weg, wohl aber in seinem Zuhause.

45 Das Licht scheint immer voraus

Es war einmal ein Junge, der einen weiten Weg durch das Dunkel laufen musste, um zu seinem Opa zu kommen. Er nahm seine Laterne und ging aus dem Haus. Die Laterne gab aber nur wenig Licht, sodass es um ihn herum sehr dunkel war. Der Junge schaute auf den schwachen Lichtschein in seiner Laterne und fragte sich, wie er in dieser Dunkelheit den Weg finden sollte.

Glücklicherweise kam ihm auf dem Pfad ein Bauer entgegen. Der Bauer fragte ihn, warum er so zögernd auf dem Weg lief. Der Junge erzählte ihm, dass er Angst hatte, im Dunkel mit einer Laterne zu laufen, die nur zwei Meter nach vorne schien.

Der Bauer lächelte und sagte zu dem Jungen: „Auch das Licht geht mit jedem Schritt, den du gehst, mit nach vorne. Das Licht wird immer zwei Meter vor dir herscheinen. Du brauchst dir also keine Sorgen zu machen und kannst deinen Weg voll Vertrauen fortsetzen." Das tat der Junge und erreichte wohlbehalten sein Ziel.

Gesprächsleitfaden

Das Licht geht immer mit dir
Das Licht scheint immer voraus

Alter

Geschichte 44: Das Licht geht immer mit dir, 6 – 8 Jahre
Geschichte 45: Das Licht scheint immer voraus, 8 – 12 Jahre

Gehalt

Licht und Dunkel in einem Menschenleben. In einem Kinderleben. Was macht das Leben „dunkel"? Was macht es „hell"? Wie kann es „heller" werden? Durch wen oder was?

Kernziele

Umgang mit schwierigen Situationen, mit Angst. Lernen, zu vertrauen. Hilfe von anderen annehmen und selbst anbieten. Genießen von schönen, „hellen" Momenten.

Offene Fragen

? Das Kind bekam Angst. Warum? Wodurch hatte das Kind dann weniger Angst? Hast du manchmal Angst? Traust du dich manchmal nicht, etwas zu tun, obwohl du es gerne machen würdest? Was könnte dir dabei helfen? Was glaubst du, wie das Kind sich fühlt, als es schließlich sein Ziel erreicht?

? ? Du hast vielleicht Angst vor etwas, wovor ein anderer überhaupt keine Angst hat. Wie ist das möglich? Weißt du ein Beispiel? Was hilft dir, wenn du Angst hast? Was hilft überhaupt nicht oder macht es sogar noch schlimmer? Weißt du selbst etwas, wodurch du dich dann besser fühlst? Wann fühlst du dich gut, „hell" und leicht?

? ? ? Manchmal wird es „dunkel" im Leben, du fühlst dich dann eine Zeitlang nicht gut. Kennst du das Gefühl? Hast du es schon einmal erlebt? Wie wurde es wieder besser? Hat etwas oder jemand dir dabei geholfen? Könnte dir dabei jemand helfen, der es gerade selbst schwer hat? Wie? Kennst du ein Beispiel?

46 Vom König, der den Mond berühren wollte

Es war einmal ein sehr starrsinniger König. Jeder musste tun, was er wollte – sofort! In einer wolkenlosen Nacht sah er durch das Fenster den Mond und wollte ihn berühren. Aber wie er sich auch streckte, er erreichte ihn nicht. Er grübelte und grübelte … Plötzlich hatte er eine Idee. Er ließ den besten Zimmermann zu sich kommen und gab ihm den Auftrag, einen Turm zu bauen: „Einen Turm, so hoch, dass ich den Mond berühren kann." Der Zimmermann schüttelte den Kopf. „Majestät, das ist unmöglich." „Nichts ist unmöglich", sagte der König. „Ich möchte, dass du mir morgen berichtest, wie du es machen wirst."

Der Zimmermann konnte die ganze Nacht nicht schlafen. Er glaubte noch immer, dass es unmöglich war, aber er musste den Willen des Königs befolgen, um nicht bestraft zu werden. „Majestät", sagte er, „wir können stabile Holzkisten aufeinanderstapeln. Hunderte, Tausende! Bis sie den Himmel berühren." „Gut", sagte der König, „lass alle Menschen ihre Kisten hierherbringen." Es geschah, wie der König es wollte. Aber als alle Kisten aufgestapelt waren, reichte der Turm noch nicht einmal bis zu den Wolken. „Jeder soll sein Holz bringen, damit wir neue Kisten bauen können", befahl der König. Auch das geschah. Der Turm reichte nun knapp bis zu den Wolken. „Es gibt kein Holz mehr", sagte der Zimmermann. „Dann lasse alle Bäume im Land fällen!" Als im ganzen Land kein Baum mehr zu finden war, sagte er zum König, dass der Turm fertig war.

Am selben Abend, als der Mond hoch am Himmel stand, erklomm der König den Turm und – konnte den Mond immer noch nicht erreichen. Er streckte sich, dachte, dass er ihn beinahe erreichen konnte, und rief: „Bring mir noch eine einzige Kiste, dann erreiche ich ihn!" „Wir haben keine Kiste mehr", rief der Zimmermann. „Dann zieh die unterste Kiste heraus, und bring sie mir herauf!" „Ja, aber …" „Tu, was ich dir sage!", schrie der König und stampfte mit seinem Fuß so fest auf, dass der ganze Turm davon ins Wanken geriet.

An dieser Stelle bietet sich die Gelegenheit, mit den Kindern ins Gespräch zu kommen. Wie wird die Geschichte weitergehen? Warum?

Der Zimmermann hatte keine andere Wahl. Er zog die Kiste heraus und rannte um sein Leben. Und der König …? Der fiel hinunter, und alle Kisten landeten auf ihm.

Gesprächsleitfaden

Vom König, der den Mond berühren wollte

Alter 6–12 Jahre

Gehalt Unter Druck entscheiden. Konsequenzen können eine Entscheidung beeinflussen.

Kernziele Selbstkenntnis. Umgang mit eigenen Wünschen und denen von anderen. Dazu gedrängt oder gezwungen werden, die Leitung zu übernehmen, obwohl man das eigentlich nicht will.

Offene Fragen Als Einstieg kann die Geschichte sehr anschaulich mit Puppen und Dosen, die man stapelt, dargestellt werden.

[?] Wie wäre es mit dem König und dem Zimmermann weitergegangen, wenn er die Kiste nicht herausgezogen hätte?
Was hältst du von dem König/von dem Zimmermann?
Was würdest du tun, wenn du der König/der Zimmermann wärst?
Weiß der König nicht, was passiert, wenn die Kiste herausgezogen wird? Wenn er es weiß, warum will er es dann doch?

[?][?] Wie kann es sein, dass der König es normal findet, dass jeder tut, was er verlangt? Warum glaubt der Zimmermann, dass er dem König gehorchen muss? Glaubst du auch manchmal, dass etwas so geschehen muss, wie du es möchtest, auch wenn andere es nicht wollen? Wie reagierst du, wenn es getan oder nicht getan wird? Wie handelst du, wenn du etwas wirklich möchtest und du dabei die Hilfe von anderen benötigst?

[?][?][?] Tust du auch manchmal etwas für jemanden, weil er das unbedingt will, auch wenn du damit nicht einverstanden bist? Wie findest du den anderen in dem Moment? Wie findest du dich selbst?

47 Der vergrabene Schatz

Eines Abends saßen zwei alte Freunde, Bruno und Gianni, mit einem Glas Wein auf einer Bank vor dem Bauernhof. Sie hatten schon eine Weile miteinander geplaudert, als Gianni plötzlich fragte: „Bruno, hast du Sorgen?" „Ja, das stimmt", antwortete Bruno. „Ich mache mir Sorgen um meinen Enkelsohn. Er ist ein netter Junge, aber er ist ein bisschen faul. Er liegt nur in seiner Hängematte und tut nichts. Ich weiß nicht, was ich mit ihm machen soll." „Hätte er gerne ein paar Goldstücke?", fragte Gianni. „Ja, natürlich!" „Dann habe ich eine Idee, hör mir mal gut zu." Und er erzählte seinen Plan. Großvater Bruno musste darüber sehr lachen. „Ein ausgezeichneter Plan", sagte er, „so machen wir es!"

Am nächsten Morgen spazierte Gianni zu der Hängematte, in der der Enkelsohn von Bruno lag und die Sonne genoss. Er nahm ein zerknittertes Stück Papier aus seiner Tasche und betrachtete es mit großer Aufmerksamkeit. „Mario, ich habe eine alte Karte gefunden", sagte er. „Man kann es sehr schlecht lesen, aber ich glaube, hier steht, dass in dem Acker hier vorne 50 Goldstücke vergraben liegen." Mario setzte sich auf. „50 Goldstücke! Die möchte ich gerne haben. Ich werde sie suchen." Er sprang aus seiner Hängematte und eilte zu dem Acker, der ganz von Unkraut überwuchert war. „Tja", sagte Gianni. „dann wirst du wohl erst das Unkraut jäten müssen, bevor du graben kannst."

Mario begann sofort mit der Arbeit. Der Boden war sehr trocken, und dadurch erschien es so, als ob er in einer großen Staubwolke arbeitete. „Ich glaube, dass du den Boden ein wenig nass machen musst", sagte Gianni. Und sofort lief Mario zum Bauernhof, um den Gartenschlauch zu holen. Dann arbeitete er entschlossen weiter: nass machen, graben, nass machen, graben. Nach einer Weile schaute er auf und bemerkte, dass ihn eine Gruppe von Schulkindern beobachtete. „Was soll ich tun, um dafür zu sorgen, dass sie nicht auch anfangen, hier zu graben, um den Schatz zu suchen?", fragte er Gianni. „Ich an deiner Stelle würde Mist über das Feld streuen, dann haben sie sicher keine Lust mehr dazu." Mario lief zum Hof und kam mit einer Schubkarre voll Mist zurück. Und weiter ging es: nass machen, graben, Mist, nass machen, graben, Mist.

Am Ende des Tages hatte Mario den ganzen Acker umgegraben, Mist verteilt und gewässert, aber Goldstücke – die hatte er nicht gefunden. Er ärgerte sich und lief zum Hof, um seinen Opa zu suchen. Darum sah er nicht, dass Gianni, als er gegangen war,

Samen über den Acker streute. Dann ging Gianni auch zum Hof. „Vielleicht habe ich mich beim Lesen der Karte geirrt", sagte er zu Mario. „Ich schau' noch einmal gut nach. Wenn ich etwas Neues entdecke, sage ich dir Bescheid." Mario wartete nun auf Neuigkeiten von Gianni. Eine Woche, noch eine Woche, ein paar Wochen.

Endlich kam er und nahm ihn und seinen Opa mit auf den Acker. Dort angekommen, traute Mario kaum seinen Augen. Das ganze Feld war voll mit Salatpflanzen. „Siehst du, was nun wachsen konnte, weil du den Acker umgegraben, mit Mist versorgt und bewässert hast? Ich habe nur noch ein paar Samen für dich gesät." Mario schaute noch überrascht auf all den Salat, als ein Kaufmann vorbeikam und rief: „Der Salat sieht gut aus. Ich gebe dir dafür 50 Goldstücke." „Das ist gut", sagte der Großvater, und zusammen mit Mario und Gianni schnitten sie den Salat ab und luden ihn auf den Wagen des Kaufmannes, der ihm dann das Geld gab. Mit den Goldstücken in seiner Hand schaute der Großvater Mario an und sagte: „Bitte schön, das gehört dir. Das hast du dir ehrlich verdient!" Gianni stand lächelnd daneben. Von dieser Zeit an half Mario seinem Großvater auf dem Bauernhof und lernte, wie man Gemüse anbaut, um es zu verkaufen.

Gesprächsleitfaden

Der vergrabene Schatz

Alter 6–12 Jahre

Gehalt Mitarbeit, Zusammenarbeit.

Kernziele Bedeutung von Nahrung, Pflege und Achtsamkeit für Pflanzen. Zusammenarbeit in einer Gruppe. Umgehen können mit den Momenten, in denen ich nicht motiviert bin. Der eigene Beitrag im Zusammenleben, Aufgaben übernehmen zu Hause und in der Schule. Belohnung nach getaner Arbeit.

Offene Fragen [?] Gianni und Bruno haben einen Plan. Warum gelingt der Plan? Hätte Mario mit der Arbeit angefangen, wenn er gewusst hätte, dass kein Gold auf dem Acker vergraben liegt, sondern er mit seiner Arbeit und dem Ergebnis 50 Goldstücke verdienen kann? Was glaubst du?

[?][?] Stell dir einmal vor, du darfst wählen: Jemand würde dir einfach so Geld geben, ohne dass du etwas dafür tun musst, oder du würdest Geld bekommen, weil du es verdient hast, weil du dafür gearbeitet hast. Was würdest du wählen? Warum? Welches Gefühl hättest du, wenn du Geld geschenkt bekommen würdest? Und welches, wenn du es selbst verdient hättest? Ist es ein Unterschied? Woher kommt das?

[?][?][?] Gibt es Dinge, von denen du glaubst, dass du sie tun musst, für dich selbst oder für andere? Möchtest du das auch selbst? Kannst du ein Beispiel dafür nennen? Hättest du dir für die Geschichte ein anderes Ende ausgedacht? Welches Ende? Kannst du erklären, warum? Ein ungenutzter Acker bringt Gewinn, wenn man etwas damit tut. Kannst du Beispiele nennen, was du tun kannst, um das zu verdienen, was du möchtest?

48 Fünf Pommes frites

Mitten im Dorf steht eine Pommes-Bude mit dem Namen „Die fünf Pommes frites". Dort backt Jan die allerleckersten Pommes frites – zumindest findet er das selbst. Aber ehrlich gesagt, die Leute, die sie probieren, finden sie auch sehr lecker. Es kommen nur leider sehr wenige Menschen an den Stand. Um mehr Kunden anzulocken, hat Jan ein Reklameschild auf den Gehweg gestellt, auf dem eine Tüte mit fünf Pommes frites gemalt ist. Es hilft nur leider nicht viel. „Was muss ich denn noch tun, um mehr Kunden zu bekommen?", seufzt Jan. „Keine Ahnung", sagt der Mann, der gerade da steht und etwas isst.

In diesem Augenblick erscheint ein neuer Kunde an dem Stand. „Gehen die Geschäfte hier nicht gut?", fragt er. „Das stimmt", sagt Jan. „Hast du vielleicht eine Idee?" „Ja, weißt du, was du tun musst? Lass dein Reklameschild verändern. Es bleibt beinahe alles gleich. Du lässt nur an Stelle von fünf Pommes vier Pommes frites in die Tüte malen." „Was ist das denn für ein Unsinn?", fragt Jan. „Glaub mir ruhig. Ich weiß sicher, dass es funktionieren wird."

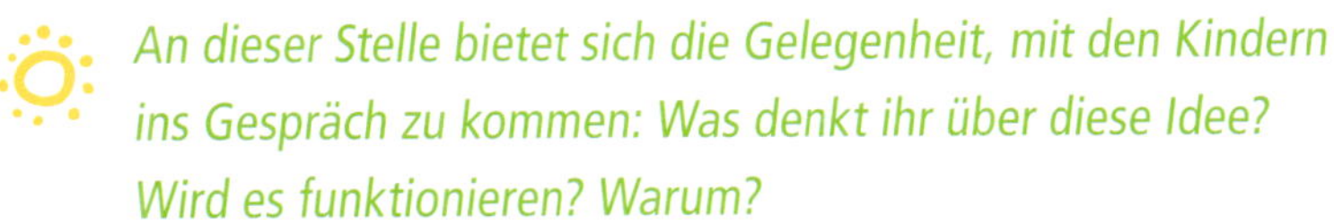

An dieser Stelle bietet sich die Gelegenheit, mit den Kindern ins Gespräch zu kommen: Was denkt ihr über diese Idee? Wird es funktionieren? Warum?

Da Jan keine bessere Idee hat, tut er, was der Kunde ihm gesagt hat. Er stellt das geänderte Reklameschild auf den Gehweg. „Ich bin mal gespannt", sagt er. Und dann passiert Folgendes: Jemand läuft vorbei, schaut auf das Schild, schaut noch einmal genau, läuft dann zu dem Stand und sagt zu Jan: „Was auf dem Schild steht, ist falsch. Es sollten bei dem Namen ‚Die fünf Pommes frites' auch wirklich fünf Pommes in der Tüte sein und nicht vier! – Aber nun, da ich schon da bin, lass mich doch mal von deinen Pommes probieren." Kurze Zeit später geschah genau das Gleiche. Und noch einmal und noch einmal. Die Idee des neuen Kunden funktionierte also wirklich. Viele Leute haben die Pommes frites nun probiert und kommen sicher wieder zurück.

Und Jan? Er freut sich, natürlich, aber würde wirklich gerne wissen, warum diese eigenartige Idee so erfolgreich war.

Gesprächsleitfaden

Fünf Pommes frites

Alter 6–12 Jahre

Gehalt Reklame benutzt menschliche Eigenarten und Verhalten. In diesem Fall: Gerne andere auf ihre Fehler hinweisen. Manchmal braucht man Mut, um jemandem Dinge zu sagen, die wirklich nicht gut oder falsch sind.

Kernziele Kaufverhalten. Konsumverhalten. Bewusster Umgang mit Reklame.

Offene Fragen

[?] Die Idee des neuen Kunden funktionierte also. Es kamen nun mehr Leute, um die Pommes zu probieren. Jan hätte gerne gewusst, warum. Kannst du das erklären? Hättest du Jan gesagt, dass sein Reklameschild nicht richtig ist?

[?][?] Was machst du öfter: jemandem sagen, dass er etwas gut gemacht hat oder dass er es falsch gemacht hat? Was hättest du selbst am liebsten? Warum? Gegenseitig auf Fehler hinweisen ist menschlich. Wie gehst du mit den Fehlern von anderen um? Und mit dem, was sie gut machen? Wie fühlst du dich, wenn du auf Fehler hingewiesen wirst? Hast du schon einmal erlebt, dass jemand etwas wirklich falsch gemacht hat? Wie hast du reagiert?

[?][?][?] Das Reklameschild nutzt die Menschenkenntnis, wie Menschen in diesem Fall wahrscheinlich reagieren würden. Wie war das in diesem Fall? Kennst du eine Reklame, wo das auch so ist?

49 Es ist still im Wald

Niemand weiß sicher, warum die Vögel, nachdem sie am Tag hart gearbeitet haben, abends im Wald alle gemeinsam noch ein Lied singen wollen. Oder pfeifen, trillern und schreien. Egal welches Geräusch sie dabei machen, zusammen klingt es immer gut.

Ein Vogel ist dabei, der gut singen kann und auch ein gutes Gefühl für den Rhythmus hat. Das ist der Dirigentenvogel. Mit ein wenig Glück passen die anderen Vögel auf, und dann singt der Vogelchor im Takt. Nun ja, es sind und bleiben Vögel, die manchmal lieber ihr eigenes Lied singen. Darum klingt es ab und zu – wie soll man sagen – ein bisschen falsch, ja. Dann sieht man sich auch gegenseitig mal ein wenig schief an. Glücklicherweise müssen sie meistens darüber lachen, und dann singt die ganze Gruppe. Oder besser: sang. Denn heute Abend singt kein einziger Vogel.

Was ist geschehen? Heute Morgen dachte der Specht plötzlich: „Wie schade ist es doch, dass ich so schreie. Warum kann die Amsel es besser? Ich will so schön singen können wie die Amsel. Ich werde heute den ganzen Tag üben. Dann kann ich es heute Abend. Das wäre fantastisch!" Die Amsel dachte: „Warum kann die Taube viel schöner gurren? Ich möchte es genauso gut können. Ich werde es versuchen." Die Taube fand, dass das Rotkehlchen am allerbesten pfeifen konnte, und wollte es nachmachen. Der Buchfink wollte die Meise nachahmen, die Meise die Drossel – und so weiter. Nun ist es still im Wald. Der Dirigentenvogel winkt noch ein wenig mit einem Flügel, aber das hilft nun auch nichts mehr.

Da denkt der Zaunkönig: „Egal was ist, ich bin jedenfalls froh, dass ich singen kann! Und ich singe auch alleine!" Er beginnt, zu pfeifen, auf seine eigene Art und Weise. Der Vogelchor hört erst still zu, dann beginnen alle, einer nach dem anderen, einzustimmen, jeder so, wie er kann, aber trotzdem zusammen. Auch der Dirigentenvogel singt mit und winkt den Takt mit seinen beiden Flügeln.

Nutze die Talente, die du hast. Die Wälder wären sehr still, wenn nur die begabtesten Vögel sängen.
Henry van Dyke

Gesprächsleitfaden

Es ist still im Wald

Alter 6–12 Jahre

Gehalt Gute Zusammenarbeit bedeutet, dass jeder genau das beisteuert, was er selbst kann. Die Rolle des Leiters.

Kernziele Selbstrespekt. Wertschätzen der eigenen Möglichkeiten und Talente. Selbsterkenntnis: die eigenen Grenzen und Fehler kennen. Zusammenarbeit in einer Gruppe. Führungsrollen.

Offene Fragen [?] Niemand weiß genau, warum die Vögel abends noch gemeinsam ein Lied singen. Hast du eine Idee, warum? Warum wurde es still im Wald? Warum wollten die Vögel etwas können, was nur ein anderer Vogel kann? Hätte der Dirigent etwas tun oder sagen können? Hätte das vielleicht geholfen?

[?][?] Kennst du das Gefühl, dass ein anderer etwas besser kann als du? Wie reagierst du dann? Willst du es dann auch können? Kennst du deine Stärken und Schwächen? Wie gehst du damit um? Und bei anderen? Würde es helfen, wenn ein anderer dir sagt, dass du gut genug bist? Sagst du das auch manchmal zu einem anderen?

[?][?][?] Am Ende der Geschichte singen sie wieder alle gemeinsam. Was hat sich verändert? Sie hätten auch alle alleine ihr eigenes Lied singen können. Was hättest du getan?

50 Die Kröte und der Goldfisch

Das Wasser des Teiches glitzert in der Mittagssonne. Am Rand, beinahe ganz verdeckt durch einige große Blätter, sitzt eine Kröte. Eine dicke, braune Kröte, voll mit Warzen. Im Wasser schwimmt ein Goldfisch.

„Siehst du, wie schön ich bin?", blubbert der Goldfisch und zieht mit seinem Schwanz einen prächtigen Bogen. Die Kröte sagt – nichts. Aber sie schaut ängstlich nach oben. „Ich verstehe schon, warum du nichts sagst", blubbert der Goldfisch weiter. „Du bist eine Kröte. Du siehst aus wie ein brauner Frosch, aber sogar der ist schöner als du. Schau mich an. Ich tanze schwebend im Wasser. Und durch die Sonnenstrahlen sieht es so aus, als wäre ich aus echtem Gold. Ich bin ein Goldfisch!"

Noch immer sagt die Kröte nichts. Sie bewegt sich noch nicht einmal. „Nun sag doch etwas!", ruft der Goldfisch ungeduldig und patscht kräftig mit seinem Schwanz.

Aber dann – verschwindet er im Schnabel eines Storches. „Tschüss", sagt die Kröte.

51 Die schwatzhafte Schildkröte

Irgendwo in einem Sumpf lebte eine Schildkröte. Sie hatte sich mit zwei jungen Schwänen angefreundet, die in der Nähe nach Futter suchten. Eines Tages sagten die Schwäne zu der Schildkröte: „Liebe Schildkröte, wir finden es sehr schön mit dir. Sollen wir für immer zusammen wohnen? Wir leben ein Stück weiter in den Bergen, an einem See. Dort ist es viel schöner als in deinem modrigen Teich. Wir kommen nur hierher, um zu essen, und gehen dann bald wieder zurück. Komm doch mit. Du wirst es gut haben."

Die Schildkröte schüttelte voller Zweifel ihren Kopf. „Wie soll ich denn jemals auf den Berg hinaufgelangen? Ich kann doch nicht auf einen Berg klettern!" Die Schwäne antworteten: „Wir bringen dich hin. Wir halten zwischen unseren Schnäbeln einen Stock fest und du beißt dich daran fest. Du hast doch ein starkes Gebiss und Kaumuskeln. Natürlich musst du dann während der Reise deinen Mund halten."
„Das geht schon", sagte die Schildkröte, „ich komme mit."

Nun nahmen die Schwäne einen starken Ast. Die Schildkröte biss sich daran fest, und flatternd flogen die Schwäne los, knapp über dem Wasser. Sie stiegen auf, und die wunderliche Reise durch die Luft begann. Die Schwäne flogen ruhig und gleichmäßig. Es kostete die Schildkröte kaum Mühe, sich an dem Ast festzuhalten.

Sie flogen über Wälder, Seen, Dörfer und kamen schließlich zu einem Palast. Dort flogen die Schwäne etwas niedriger, damit die Schildkröte den prächtigen Palast des Königs gut sehen konnte. Einige Kinder, die an der Pforte des Palastes spielten, hörten das Geräusch der Flügel in der Luft, schauten hoch und riefen: „Das gibt es doch nicht. Schaut nur, die Schildkröte muss sich von den Schwänen tragen lassen. Sie kann sicher selbst nicht dort hingelangen, wo sie hinwill." Die Schildkröte ärgerte sich darüber, was sie da hörte, und wollte rufen: „Bengel!" Aber schon bei „Ben ..." ließ sie den Stock los und sauste in voller Fahrt hinunter auf den Innenhof des Palastes.

 *Hier könnte die Geschichte für jüngere Kinder enden.*

Die Schildwachen kamen sofort gelaufen, und es ging wie ein Lauffeuer durch den Palast: „Eine Schildkröte ist vom Himmel gefallen und mitten auf unserem Innenhof gelandet." Der König kam mit seinem Hofstaat herbei und sah die tote Schildkröte liegen. Er fragte seinen ersten Ratsherren: „Wie ist es möglich, dass eine Schildkröte hier herunterfällt?"

Der König stellte eine Frage! Das war der Moment, auf den der Ratsherr gewartet hatte, denn es kam nicht oft vor, dass der König etwas fragte. Einem König, der vor allem selbst gerne redete, einen guten Rat zu geben, war nicht einfach. Er sagte: „Großer König, als die Wächter riefen, sah ich gerade noch zwei Schwäne nebeneinander über den Palast hinwegfliegen, die einen Stock mit ihren Schnäbeln zwischen sich festhielten. Offensichtlich ließen sie die Schildkröte in den Stock beißen und wollten sie irgendwo hinbringen. Aber da die Schildkröte ihren Mund nicht halten konnte, hat sie den Stock losgelassen und ist hinuntergefallen. Das hat sie das Leben gekostet. So ist das im Leben, großer König."

Der König wurde misstrauisch. Für einen kurzen Moment sah es so aus, als ob er wütend werden würde, aber dann sagte er lächelnd: „Ich denke, ich weiß, was du meinst."

Gesprächsleitfaden

Die Kröte und der Goldfisch
Die schwatzhafte Schildkröte

Alter Geschichte 50: Die Kröte und der Goldfisch, 6 – 8 Jahre
Geschichte 51: Die schwatzhafte Schildkröte, 8 – 12 Jahre

Gehalt Dich selbst wichtig finden. Einen guten Rat befolgen, auch wenn er stillschweigend gegeben wird.

Kernziele Selbsterkenntnis, Selbsteinschätzung, Selbstgenügsamkeit, Selbstüberschätzung. Die eigene Sicherheit nicht aus den Augen verlieren. Umsichtig handeln. Die Wirkung einer Handlung bedenken. Zuhörenkönnen bedeutet auch, offen für die Ansichten anderer sein.

Offene Fragen

Die Kröte und der Goldfisch

[?] Was glaubst du, wollte der Goldfisch von der Kröte hören? Möchtest du auch, dass andere manchmal nur auf dich schauen? Die Kröte sagte nichts, aber schaute ängstlich nach oben. Warum? Glaubst du, dass der Goldfisch das bemerkt hat? Nein? Warum nicht? Wenn er es gesehen hat, warum hat er dann nicht reagiert?

[?][?] Für den Goldfisch gab es kein gutes Ende. Wie konnte das geschehen? „Tschüss", sagte die Kröte. Was glaubst du, wie sie den Goldfisch fand? Fand sie das Ende gut? Was hältst du davon?

Offene Fragen

Die schwatzhafte Schildkröte

[?] Die Schildkröte dachte, dass sie den Mund halten kann. Wie kam es dann, dass es anders war? Warum hat sich die Schildkröte über das, was die Kinder sagten, so geärgert?

[?][?] Wie findest du es, wenn andere denken, dass du etwas nicht kannst? Hattest du selbst schon einmal das Gefühl, dass du jetzt besser nichts sagen solltest? Warum? Hast du es dann auch getan oder nicht?

[?][?][?] Das war der Moment, auf den der Ratsherr gewartet hatte. Warum? Der König wurde zunächst misstrauisch, dann beinahe böse. Warum? Was hättest du getan? Er sagt: „Ich weiß, was du meinst." Was weiß er nun? Kennst du ein Sprichwort, das zu dieser Geschichte passt?

52 Regenwürmer

Regenwürmer sind sehr nützlich. Das finden sie selbst, aber viele Bauern und Menschen mit einem Garten finden das auch. Regenwürmer sind kleine, unterirdische Mini-Pflüge. Sie machen den Boden weich und fügen ihren eigenen Mist, also Kot, hinzu. Regenwürmer sind auch lecker. Das sehen sie selbst zwar nicht so, aber viele Vögel finden sie das Leckerste vom Leckersten. Unter der Erde sind glücklicherweise keine Vögel, aber ein Regenwurm möchte manchmal auch ein wenig Luft, etwas Regen, Wind und Wärme fühlen.

Nun, unser Pit, so heißt er zufällig, möchte heute ein wenig frische Luft schnappen. Pflügend bahnt er sich einen Weg nach oben. Er fühlt, dass er an der Erdoberfläche angekommen ist. Sehen kann er es nicht. So sieht er auch nicht, dass ein Stückchen weiter auf einem Ast eine dicke Amsel das Häufchen Sand und den herrlichen Wurm, der daraus hervorkriecht, genau beobachtet. Sie springt von dem Ast auf den Boden, und das fühlt Pit. Er weiß sofort: „Oh, oh – das geht schief …" Schnell wieder zurückkriechen geht nicht mehr, das weiß Pit – aber was dann?

Er überlegt sich eine List. „Hallo, Herr Vogel", sagte er, „wie schön, dass ich Sie treffe. Ich hörte gerade in meinem Gang, dass gleich noch viele Regenwürmer heraufkommen. Wenn Sie nun näherkommen, um mich aufzuessen, werden sie das sicherlich hören und wieder verschwinden. Wenn Sie mich leise in meinen Gang zurückgehen lassen, brauchen Sie nur einen kurzen Moment zu warten, und schon können sie sich ihren Bauch füllen." Die Amsel braucht nicht lange nachzudenken. Sie sieht im Geiste schon all die Regenwürmer hervorkriechen und lässt Pit gehen, ohne sich zu bewegen.

Und Pit? Pit, in Sicherheit unter dem Erdboden, lacht wie ein … ja, wie lachen Regenwürmer eigentlich? Weißt du das?

Gesprächsleitfaden

Regenwürmer

Alter 6–12 Jahre

Gehalt Sich eine auffallende Schwäche zu Nutzen machen. Pit rettet sich selbst durch das Wissen, dass die Amsel habsüchtig ist.

Kernziele Die Wirkung von etwas, das man haben will, und die Abhängigkeit davon. Der Einfluss und die Folgen davon. Wahrnehmen von Eigenarten an sich selbst und anderen. Wie gehe ich damit um?

Offene Fragen

? Die Amsel hat letztendlich nichts. Wie kam es dazu? Wie findest du die dicke Amsel? Was hältst du von dem Regenwurm? Wenn du ergänzen könntest, was würdest du dann sagen? Die Amsel ist … Der Regenwurm ist …

?? Kannst du auch über dich selbst etwas sagen? Ich bin … Es kann sein, dass du das gut oder weniger gut findest. Kannst du das erklären? Die Amsel ist habsüchtig, gierig. Erkennst du diese Eigenschaft auch an dir selbst? Hast du auch andere Eigenschaften? Welche findest du an dir selbst gut? Finden andere Menschen in deiner Umgebung auch, dass es eine gute Eigenschaft ist? Welche Eigenschaft magst du an dir nicht? Wie finden andere diese Eigenschaft?

??? Der Regenwurm rettet sich selbst durch eine Lüge. Wie denkst du darüber? Warum?

53 Auf dem Schulhof

Es ist gerade Pause. Die Kinder der Schule sind draußen auf dem Schulhof. Es gibt Kinder, die alleine sind, und Kinder, die in Gruppen zusammenstehen oder miteinander spielen. Eine Gruppe von Kindern spielt, dass sie von einem Raumschiff kommen und die Erde nun entdecken. Es gibt viel Interessantes und Neues auf der Erde. Aber es gibt auch Feindseligkeit. Einige Menschen wollen die Raumschiffbewohner wegjagen, notfalls mit Gewalt. Und darum macht die Gruppe Kampfübungen. Bert, eines der größeren Kinder, ist der Leiter. Er kann gut kämpfen und trainiert die anderen.

Heute ist ein neuer Junge in die Schule gekommen. Er beobachtet, wie die Raumschiffgruppe übt und denkt: „Ich kann besser als der Leiter der Gruppe sein!" Er fängt an, Bert herauszufordern. „Willst du vielleicht mit mir kämpfen? Mal sehen, wer der Stärkere von uns ist." Bert reagiert nicht. Der Junge wird ärgerlich. Er ruft: „Ist das jetzt kämpfen? Lächerlich!" und beginnt, zu schimpfen: „Was bist du nur für ein dummer Kämpfer! Schlappschwanz!"

So geht es noch eine ganze Weile weiter. Bert reagiert noch immer nicht. Schließlich weiß der Junge nicht mehr, was er tun soll. Er dreht sich um und läuft weg. Bert will nun mit den Übungen einfach weiter machen, aber die anderen Kinder verstehen es nicht. „Warum hast du das mit dir machen lassen?", fragen sie. Bert antwortet: „Das Sprichwort sagt doch: Was du sagst, bist du selber. Und: Schimpfen tut nicht weh. Wenn es mich nicht berührt, wer hat dann das Problem?"

54 Wem gehört es?

Einst lebte ein großer, berühmter Krieger. Regelmäßig kamen junge Männer zu ihm, um ausgebildet zu werden. So kam eines Tages auch ein junger Krieger. Er war fest entschlossen, dass er der Erste sein würde, der den alten Krieger besiegen würde. Er war nicht nur stark, sondern auch gerissen, und nutzte alle Schwächen seines Gegners zu seinem Vorteil. Er hatte die Angewohnheit, abzuwarten, bis der andere als Erster zum Angriff überging. Auf diese Weise konnte er sehen, wo dessen Schwäche lag, und schlug dann mit gnadenloser Kraft und Schnelligkeit zu. Niemand hatte ihm in einem Kampf Widerstand bieten können.

Entgegen dem Rat seiner besorgten Schüler nahm der alte Krieger die Herausforderung an. Als die beiden sich gegenüberstanden, bereit für den Kampf, begann der junge Herausforderer, den alten Krieger zu beschimpfen und ihm grobe Beleidigungen an den Kopf zu werfen. Er begann auch, mit Matsch zu werfen, und spuckte ihm einige Male ins Gesicht. Er dachte, dass der andere ihn dann als Erster anfallen würde. Lange fuhr er mit seinen wüsten Provokationen fort. Aber der alte Krieger reagierte nicht. Als der junge Krieger endlich keine Kraft mehr hatte, gab er auf. Beschämt drehte er sich um und verließ den Kampfplatz.

Bestürzt und enttäuscht über die Tatsache, dass ihr Meister sich in aller Öffentlichkeit so sehr hat beleidigen und erniedrigen lassen, kamen die Schüler zu ihm und fragten: „Wie konntest du das nur über dich ergehen lassen? Solch eine Erniedrigung! Warum hast du zugelassen, dass er das alles über dich sagt?" Der Mann schwieg erst eine Weile und schaute jeden seiner Schüler kurz an. Dann antwortete er: „Wenn jemand dich beleidigt, du aber nicht darauf reagierst, wer hat dann das Problem? Wenn jemand dir etwas geben möchte, du es aber nicht annimmst, wem gehört es dann?"

Gesprächsleitfaden

Auf dem Schulhof
Wem gehört es?

Alter Geschichte 53: Auf dem Schulhof, 8–10 Jahre
Geschichte 54: Wem gehört es?, 10–12 Jahre

Gehalt Eine eigene Wahl treffen. Der Leiter lässt sich nicht durch andere beeinflussen.

Kernziele Umgang mit Konflikten. Selbstbewusste Haltung. Agieren oder Reagieren? Respekt. Verhindern von Streit. Mit Gruppendruck umgehen können.

Offene Fragen

Auf dem Schulhof

[?] Wie findest du den neuen Jungen? Wie findest du Bert? Haben die anderen Recht, wenn sie fragen: „Warum hast du das mit dir machen lassen?" Was meint Bert mit: „Was du sagst, bist du selber." Und mit: „Schimpfen tut nicht weh"?

[?][?] „Wenn es mich nicht berührt, wer hat dann das Problem?", fragt er. Wie denkst du darüber? Tut schimpfen wirklich nicht weh? Hast du schon einmal jemanden beschimpft? Warum? Wie ging es dann weiter? Wurdest du selbst auch schon einmal beschimpft oder geärgert? Wie hast du dich dabei gefühlt? Was hast du getan? Warum? Wie ging es weiter?

[?][?][?] Vielleicht hast du eine Idee, wie die Geschichte weitergehen könnte. Was macht der neue Junge? Kann Bert noch etwas für ihn tun?

Offene Fragen

Wem gehört es?

[?][?][?] Warum wollten die Schüler nicht, dass der alte Krieger die Herausforderung annimmt? Ist der junge Krieger stärker, wenn er die Schwachheit eines anderen ausnutzt? Wie denkst du darüber? Der Krieger lässt die Beleidigungen über sich ergehen. Was hättest du getan? Was glaubst du, wie es für den jungen Krieger weitergeht? Was würdest du an seiner Stelle tun?

[?][?] Tut schimpfen wirklich nicht weh? Am Ende der Geschichte steht die Frage: „Wenn jemand dir etwas geben möchte, du es aber nicht annimmst, wem gehört es dann?" Was bedeutet das? Kannst du es erklären?

[?][?][?] Wie könnte die Geschichte weitergehen? Was geschieht mit dem jungen Krieger? Kann der alte Krieger noch etwas für ihn tun?

55 Die kleine Welle

Über das Meer kam eine große Welle auf den Strand zugerollt. Eine winzig kleine Welle kam hinterher. Sie musste sich sehr anstrengen, um mit der großen Welle mithalten zu können.

Als sie in die Nähe des Strandes kamen, sagte die kleine Welle zur großen Welle: „Weißt du, was nun gleich geschieht? Du krachst mit viel Lärm und Gespritz auf den Strand, und ich komme wie eine kleine Pfütze hinterher." „Das siehst du falsch", sagte die große Welle. „Aber so ist es", sagte die kleine Welle. „Ich bin nur so mickrig. Niemand wird bemerken, dass ich auch da bin." Die große Welle fragte: „Liebe kleine Welle, woraus bestehst du denn?" „Aus Wasser", antwortete die Welle. „Und woraus bin ich gemacht?" „Auch aus Wasser", sagte die kleine Welle. „Dann sind wir doch eigentlich gleich", sagte die große Welle. „Wir sind alle beide aus Wasser, und wenn wir gleich keine Wellen mehr sind, dann sind wir einfach wieder ...?" „Wasser", antwortete die kleine Welle und fragte sogleich: „Und dann?" „Warum fragst du das jetzt?", fragte die große Welle. „Wir sind und bleiben doch das gleiche Wasser."

„Wenn das so ist, große Welle, dann weiß ich jetzt, was ich mache. Dann werde ich das nächste Mal noch größer als du, dann werde ich eine enorm hohe Flutwelle!" „Auch gut", seufzte die große Welle.

Gesprächsleitfaden

Die kleine Welle

Alter 6–12 Jahre

Gehalt Selbstentfaltung. Identität. Respekt vor Individualität, eigenem Können.

Kernziele Äußern von Gefühlen, Wünschen und Ansichten. Einzigartig sein, auch wenn man Mensch unter anderen Menschen ist. Die eigenen Möglichkeiten, Eigenschaften und Begrenzungen kennen. Gleichwertigkeit trotz aller Unterschiede.

Offene Fragen [?] Warum ist die kleine Welle traurig? Was sagt die große Welle? Wärst du lieber die kleine oder die große Welle? Glaubst du, dass die große Welle traurig sein wird, wenn die kleine Welle größer wird? Findest du, dass die große Welle Recht hat, indem sie sagt, dass beide gleich sind?

[?][?] Was würdest du sagen oder tun, wenn du die kleine Welle wärst? Und die große? Wird die kleine Welle sich besser fühlen, wenn sie groß ist? Warum?

[?][?][?] Hast du dich auch schon einmal klein gefühlt? Wie war das für dich? Hast du schon einmal gedacht: „Wäre ich doch nur größer!" Wann war das? Und warum? Hast du dich schon einmal größer gefühlt als andere? Wie war das für dich?

Quellenangaben

Heather, Amery:

- **Verhalen uit de hele wereld.**
  ISBN 978 90 545 721 76
  (Geschichte 47)

Kaniok, Erich:

- **De taal van de stilte.**
  verhalen en parabels uit Oost & West.
  ISBN 90 5670 137 1
  (Geschichten 4, 7, 16, 21, 26, 34, 41, 43)
- **Sleutels tot het hart.**
  verhalen en parabels uit Oost & West.
  ISBN 90 5670 114 2
  (Geschichten 10, 12, 20, 23, 38)

Kaniok, Erich/Kaniok, Leo:

- **Het geluk van Tao.**
  verhalen en parabels uit China.
  ISBN 978 90 5670 192 5
  (Geschichten 11, 15, 25, 32, 53)
- **Voorbij de woorden.**
  boeddhistische verhalen en parabels.
  ISBN 978 90 5670 193 2
  (Geschichten 2, 5, 17, 19, 28, 30, 40, 48, 50, 55)

Macintosh, Fiona:

- **De koning en de Indiaan.**
  ISBN 90 258 3898 7
  (Geschichte 36)

Mayo, Margaret:

- **Sprookjes uit alle windstreken.**
  ISBN 978 90 623 857 13
  (Geschichte 46)

Von Nel de Theije-Avontuur verfasste Geschichten:

- Zwei schiefe Zellen, Die drei Raupen, Zwei Igel und der Regenwurm, Die zwei Heuschrecken, Die Glücksnuss, Julias Haustier, Die drei Fragen des Pferdes, Opa Ameise und Miri, Der Maulwurf und die Maus, Der Hamster Niemalsgenug, Der junge Raubvogel, Drei junge Katzen, Der Tausendfüßler, Fünf Pommes frites, Es ist still im Wald, Regenwürmer, Auf dem Schulhof

Bildnachweis

Biografien

Nel de Theije-Avontuur

Nel de Theije-Avontuur ist verheiratet, Mutter und Oma. Sie arbeitete in den Niederlanden in der Schule und im Bildungsbereich, mit Kindern im Kindergarten, in der Grundschule und mit Erwachsenen. Die meiste Zeit verbrachte sie mit der Arbeit an einer Mytylschule für Kinder mit motorischen Einschränkungen, Lernschwierigkeiten und Auffälligkeiten im Sozialverhalten. Während ihrer Tätigkeit war sie immer auf der Suche nach Erzählungen, die sie, aber besonders die Kinder zum Nachdenken anregen könnten. Inspiriert durch die gesammelten Erzählungen von Erich Kaniok begann sie, sinnvolle Geschichten zu bearbeiten und selbst zu verfassen. Zusammen mit Leo Kaniok entwarf sie dazu Gesprächsleitfäden, die mit den 55 philosophischen Geschichten für Kinder in vorliegendem Buch zusammengefasst sind.

Leo Kaniok

Geboren 1968, verheiratet und drei Kinder, ist er mit den Geschichten aufgewachsen. Sein Vater sammelte für seine Beratungspraxis 40 Jahre lang Weisheitsgeschichten aus aller Welt. Leo Kaniok arbeitete zunächst als Berater im Personalbereich einer großen Flüchtlingsorganisation, bevor er dann die Arbeit seines Vaters mit der Gründung des Verlages ZintenZ Publishing weiterentwickelte. Die inhaltliche Zielsetzung des Verlags ist die praktische Inspiration und Beseelung. Tausende Menschen in den Niederlanden nutzen nun die Webseite mit Geschichten, und die Bücher, CDs, Workshops, Geschichtenkarten und Karten mit sinnvollen Texten erreichen viele Menschen im ganzen Land. In Deutschland wird seine Arbeit nun fortgeführt.